KB214140

그리스도인의 거룩한 음식문화

그리스도인의 거룩한 음식문화

초판 1쇄 발행 2019. 9. 2.

- ■지은이 　송 담
- ■이메일 　and920@hanmail.net
- ■펴낸이 　방주석
- ■펴낸곳 　베드로서원
- ■주 　소 　10252 경기도 고양시 일산동구 고봉로 776-92
- ■전 　화 　031-976-8970
- ■팩 　스 　031-976-8971
- ■이메일 　peterhouse@daum.net
- ■창립일 　1988년 6월 3일
- ■등 　록 　(제59호) 2010년 1월 18일

ISBN 978-89-7419-374-4 03230

책값은 뒤표지에 있습니다.

베드로서원은 말씀과 성령 안에서 기도로 시작하며
영혼이 풍요로워지는 책을 만드는 데 힘쓰고 있으며,
문서선교 사역의 현장에서 세계화의 비전을 넓혀가겠습니다.

나의 힘이신 여호와여 내가 주를 사랑하나이다(시 18:1)

그리스도인의 거룩한 음식문화

송 담 지음

베드로서원

서문

오래전 터키를 여행한 적이 있었다. 그곳은 오랜 역사를 간직한 나라답게 여행자의 마음을 사로잡는 풍경들로 가득했다. 그중에 인상 깊었던 것은 현지인의 가정에서 경험한 밥상이었다. 음식을 구별하는 그들의 밥상에서 신앙과 관련된 음식 문화를 엿볼 수 있었다. 그들은 생존을 위한 양식 그 이상의 의미를 음식에서 찾고 있었다. 실상 음식과 신앙의 관련성은 성경에서의 중요한 가르침으로 하나님의 자녀들에게는 거룩한 삶과 연관되어있다.

구약 성경 레위기는 사람이 음식을 취하는 일로써 거룩하게 된다고 전한다. (레 11장) 레위기의 이러한 가르침은 창세로부터 오늘에 이르기까지 하나님의 백성들이 믿음으로 구원에 이르는 복음의 핵심이기도 하다.

음식을 구별함으로 거룩해지려는 사람들은 크게 두 부류로 나눌 수 있다. 한 부류는 '무엇을 먹을 것인가' 먹거리의 종류를 구별하려는 사람들이다. 또 다른 부류는 '어떻게 먹을 것인가' 먹고 살아가는 바른 길을 찾으려는 사람들이다.

전자는 유대교인들이 속할 것이고, 후자는 그리스도인들이 대표적인데 이들 역시 '어떻게 먹을 것인가'를 올바로 이해할 때에 해당된다.

이 책은 오늘날 그리스도인들에게는 거의 잊혀진 성경의 거룩한 음식에 관련된 이야기이다. 아담부터 예수 그리스도에 이르기까지 하나님의 백성들에게 주어진 거룩한 삶을 위한 레시피다.

　잘 차려진 한 끼의 음식은 육체의 건강뿐만 아니라 마음까지 즐겁게 한다. 하물며 평생에 성경이 전해준 거룩한 음식 먹기를 즐거워한다면 주어질 유익이 얼마나 크겠는가!

　세상을 구원하시는 예수 그리스도의 복음의 충만한 은혜는 음식을 통해 가장 잘 설명되고 전달된다. 그러므로 그리스도인들이 힘써 취해야 할 거룩한 음식은 어두운 이 시대를 변화시키고 구원해 내는 능력임에 의심의 여지가 없다.

　교회의 지체인 그리스도인들을 통해 거룩한 음식을 찾고 구하는 신령한 문화가 이 땅 위에 생겨나길 소망하며 거룩한 식탁에 여러분을 초대한다.

차례

제2부. 광야의 거룩한 음식문화

-모세는 이스라엘 민족에게 '이렇게 먹으라' 명령했다.

제3부. 그리스도인의 거룩한 음식문화

-예수님은 제자들에게 '이렇게 먹으라' 가르쳤다.

제1부 에덴의 거룩한 음식문화

—하나님은 아담에게 '이렇게 먹으라' 말씀하셨다

"하나님이 가라사대 땅은 풀과 씨 맺는 채소와 각기 종류대로 씨 가진 열매 맺는 과목을 내라 하시매 그대로 되어"
"땅이 풀과 각기 종류대로 씨 맺는 채소와 각기 종류대로 씨 가진 열매 맺는 나무를 내니 하나님의 보시기에 좋았더라"
"저녁이 되며 아침이 되니 이는 셋째 날이니라" 창 1:11~13
"하나님이 가라사대 내가 온 지면의 씨 맺는 모든 채소와 씨 가진 열매 맺는 모든 나무를 너희에게 주노니 너희 식물이 되리라" 창 1:29

셋째 날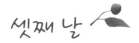

만물을 만드신 날들 가운데 셋째 날은 사람을 위해 씨 맺는 채소와 과일 등의 다양한 먹거리들을 창조한 날이었다. 첫째 날의 신비로운 빛과 둘째 날 궁창의 창조, 셋째 날 물로부터 마침내 비옥하고 광활한 땅이 드러났다. 이 모든 창조는 마지막 여섯째 날에 창조될 동물과 사람의 먹거리를 마련하기 위한 준비 과정이었다.

자녀의 출생을 앞둔 부모는 태어날 자녀를 위해 필요한 모든 것을 미리 준비한다. 하나님은 창조될 사람 곧, 하나님의 자녀들이 살아갈 지상의 복된 삶을 위해 풍성한 먹거리를 땅 위에 미리 준비하셨다. 셋째 날 풍성한 먹거리를 창조하신 하나님은 인생들을 향해 말씀하셨다.

"너희는 먹고 살아라"

"천지와 만물이 다 이루니라"
"하나님의 지으시던 일이 일곱째 날이 이를 때에 마치니 그 지으시던 일이 다하므로 일곱째 날에 안식하시니라" 창 2:1,2

안식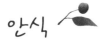

여섯째 날, 사람을 지으심으로 피조물의 창조 역사는 끝이 났다. 이후 일곱째 날이 이르자 하나님은 안식하셨다. 만물을 지으셨던 육일 간의 창조 역사로 인해 마침내 지상에 안식이 창조되었다.

안식의 창조는 놀라운 사건이다. 창조를 통해 천국 같은 세계가 지상에 건설된 것이다. 천국이 하늘에 속한 하나님의 나라이면 지상의 세계는 땅 위에 건설된 또 하나의 하나님의 나라였던 것이다.

하나님께서 모세를 통해 안식의 법을 세우시고 이스라엘 민족으로 엄히 지키게 하셨다. 이는 사단에 의해 무너져 버린 안식 곧, 지상의 하나님의 나라를 다시 회복하기 위함이었다. 사단에 의해 무너졌던 땅 위의 하나님 나라의 회복이 이스라엘 민족에게 주어진 중대한 사명이었던 것이다.

하지만 이스라엘 민족은 이 큰 사명을 망각하고 단지 안식일을 지키는 일에만 몰두하였다. 경건의 능력은 잃어버린채 경건의 모양에만 열심을 내는 민족이 되어 버렸다.

그 결과 열방을 다스리고 정복할 권세를 부여받았던 민족이 오히려 열방의 다스림을 받는 불행한 민족으로 전락하고 말았다. 이러한 민족적 비극은 안식을 제대로 이해하지 못한 결과였다.

일곱째 날 마침내 하나님께서 안식하셨다. 하나님께서 지극히 아름답고 평화로운 하나님의 나라를 지상에 창조하셨던 것이다.

"여호와 하나님이 그 사람에게 명하여 가라사대 동산 각종 나무의 실과는 네가 임의로 먹되"
"선악을 알게 하는 나무의 실과는 먹지 말라 네가 먹는 날에는 정녕 죽으리라 하시니라" 창 2:16,17

언약

나라가 세워지기 위해서는 땅, 국민, 주권이라는 세 가지의 성립 조건이 갖추어져야 한다. 하나님께서 창조를 통해 하나님의 나라를 지상에 세우셨다. 셋째 날에 땅을, 여섯째 날에 사람을, 그리고 하나님께서 창조하신 사람과 언약을 맺음으로 땅을 다스리고 통치할 권세를 주셨다. 이로써 창조된 세계는 나라로서의 기본적 토대가 마련되있다.

나라의 성립 조건 가운데 사람에게 주어진 권세 곧, 주권을 위해 언약을 맺으셨던 과정은 다음과 같다. 먼저 동산 가운데 '선악을 알게 하는 나무'를 심으셨다. 그 후, 사람을 부르시고 그 나무의 실과를 먹지 말라 엄히 명령하셨다. (창 2:17) 이에 사람은 하나님의 명령을 지키기로 약속하였다.

첫 사람 아담이 하나님과 맺었던 약속을 가리켜 아담 언약이라고 한다. 사람에게 주어진 권세와 관련된 이 언약은 하나님께서 창조하신 땅 위에 세워질 거룩한 하나님 나라를 위해 마련된 영원히 변치 않을 통치 원리였다.

"여호와 하나님이 그 사람에게 명하여 가라사대 동산 각종 나무의 실과는 네가 임의로 먹되"
"선악을 알게 하는 나무의 실과는 먹지 말라 네가 먹는 날에는 정녕 죽으리라 하시니라" 창 2:16,17

언약의 내용

한 나라의 국민으로 살아가기 위해서는 국민적 합의인 법을 반드시 지켜야 한다. 첫 사람 아담이 지켜야 했던 법은 하나님과 합의된 언약이었다. 그리고 언약은 실과의 법으로 먹을 수 있는 것과 먹어서는 안 될 것을 엄격히 구분하여 둔 것이 핵심 내용이었다.

아담이 지켜야 할 법의 내용은 지극히 단순했다. 하지만 지상의 하나님 나라의 성립 여부는 먹는 것과 관련된 합의 내용을 제대로 지키는가에 의해 결정되는 중대한 사안이었다.

먹는 것과 관련된 아담 언약의 법은 그 후 모세의 율법으로 계승되었으며, 음식을 구별함으로 거룩함에 이르라는 규례로 세워졌다. (레 11:44) 이는 먹는 것을 구별하는 이스라엘 백성들의 거룩한 삶을 통해 아담 이후 무너졌던 하나님 나라를 지상에 세우고자 함이었다.

모세의 율법에 따라 이스라엘 백성들이 지켜야 했던 음식에 관한 구별은 최초 하나님 나라의 법이었던 아담 언약을 그대로 계승한 것이다. 그리고 먹는 것을 구별함으로 거룩하게 되는 모세의 율법은 후일 예수 그리스도께서 세우신 성찬의 거룩한 식사로 이어지게 된다. 먹는 것을 구별함으로 거룩하게 살아가는 것, 그것이 무너진 하나님 나라를 세우는 법의 핵심 내용이었다.

"여호와 하나님이 그 땅에서 보기에 아름답고 먹기에 좋은 나무가 나게 하시니 동산 가운데에는 생명 나무와 선악을 알게 하는 나무도 있더라" 창 2:9
"여호와 하나님이 그 사람을 이끌어 에덴 동산에 두사 그것을 다스리며 지키게 하시고" 창 2:15

지키라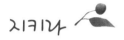

왕이라 할지라도 나라의 법을 지키는 데 있어서는 예외가 없다. 특히 하나님 나라의 통치 원리로 주어진 언약은 더욱 그러하다. 언약을 지켜야 하는 이유는 크게 두 가지로 설명될 수 있다.

첫째, 언약은 먹는 것에 관한 법이기 때문이다. 교통 신호의 체계가 무너지면 참담한 교통사고로 이어지듯, 먹는 문제가 흔들리면 삶이 순식간에 무너지게 된다. 먹는 문제가 이토록 중하니 사단이 이를 그냥 둘리가 없다.

성경은 666의 시대가 도래할 것이라 전하고 있다. (계 13:17,18) 성경이 기록한 데로 간단히 정리하면 666은 매매 표요, 짐승의 수다. 장차 먹고 살아가는 일로써 사람들의 운명이 짐승처럼 전락하게 될 것을 경고하고 있다. 이는 하나님께서 세우셨던 언약의 법이 무너짐으로 인해 초래될 결과다.

평안한 삶은 인간이 먹고 살아가는 데 있어서 하나님께서 세운 법 곧, 언약을 지켜낼 때 가능한 것이다.

둘째, 언약은 생명나무이기 때문이다. 생명에 관한 오해의 뿌리가 깊다. 생명에 관한 오해는 하나님께서 동산 중앙에 생명나무와 선악을 알게 하는 두 종류의 나무를 심었을 것이라는 생각에서 비롯되었다. 그리고 이러한 생각은 하나님께서 선악을 알게 하는 나무를 심지 않았다면 애초부터 죽음은 없었을 것이라는 불평으로 이어지기도 한다. 이는 생명이 하나님의 법에 대한 철저한 순종의 결과물임을 알지 못한 데서 비롯된 것이다.

영원한 생명은 '생명나무의 열매를 취할 것인가' 혹은 '선악을 알게 하는 금단의 열매를 취할 것인가' 하는 순간의 선택으로 좌우되는 복불복 게임이 아니다. 하나님께서 영원한 생명을 이처럼 단순한 행동으로 얻게 하셨을 리가 있겠는가. 땅에 심기운 한 알의 밀알처럼 생명은 뿌린 데로 거두는 자연의 원리와 같다. 영원한 생명은 '사람이 마땅히 살아야 할 삶의 원리로 주어진 언약을 지키는가'의 여부를 통해 주어지는 거룩한 삶의 결과물이다.

"여호와 하나님이 그 사람에게 명하여 가라사대 동산 각종 나무의 실과는 네가 임의로 먹되"

"선악을 알게 하는 나무의 실과는 먹지 말라 네가 먹는 날에는 정녕 죽으리라 하시니라" 창 2:16,17

임의로 먹으라

송충이는 솔잎을, 누에는 뽕잎을, 지렁이는 흙을 먹는다. 모든 만물은 먹고 살아가는 일에 있어 지정된 법이 있다. 자연의 질서가 무너지지 않고 유지되는 것은 식물이든 동물이든 자신들에게 지정된 먹는 법을 따라 살아가는 데 있다. 곧 세상이 유지되는 길은 먹는 법의 질서가 유지될 때에 가능해진다.

먹는 법에 있어서 사람도 예외는 아니다.

"동산 각종 나무의 실과는 네가 임의로 먹되"

"선악을 알게 하는 나무의 실과는 먹지 말라"

언약을 통해 사람에게 지정된 먹는 법은 한 가지의 금지된 것을 제외하고, 사람은 무엇이든 취할 수 있는 넓은 선택의 기회를 가졌다. 이러한 언약의 법은 악과 관련되지 않는 이상 사람은 먹고 살아가는 일에 있어서 자유로운 존재였다.

즉, '임으로 먹으라'는 언약의 법은 '원망 들을 만한 일을 행치 말고 먹고 살아라'는 의미로 바꾸어 해석할 수 있다.

"여호와 하나님이 그 땅에서 보기에 아름답고 먹기에 좋은 나무가 나게 하시니 동산 가운데에는 생명나무와 선악을 알게 하는 나무도 있더라" 창 2:9
"선악을 알게 하는 나무의 실과는 먹지 말라 네가 먹는 날에는 정녕 죽으리라 하시니라" 창 2:17

언약과 죽음

언약은 하나님 안에 감춰진바 되었던 생명의 길을 알려준다. 여기엔 죽음에 대한 경고도 함께 뒤따른다. 생명과 죽음은 영원히 만날 수 없는 서로 다른 길이지만 이 둘은 동전의 양면처럼 항상 함께 한다.

언약의 이러한 특징은 악과 관련된 일을 죽음같이 두려워하라는 것인데 먹고 살아가는 일에 있어서 반드시 언약을 지키라는 것이다. 언약의 법을 따라 사는 것이 곧 생명이었기 때문이다.

인간에게 닥친 죽음은 사단이 선악을 알게 하는 언약의 법을 무너뜨렸을 때부터였다. 그때 이후로 죽음은 언제나 언약의 법을 저버리는 것과 관련되어 있었다. 사단이 새 언약의 구주 되신 예수 그리스도의 몸된 교회로부터 성도를 분리시키려는 것도 생명에 이르지 못하도록 방해하는 것이다. "네가 먹는 날에는 정녕 죽으리라 하시니라" (창 2:17) 죽음에 대한 경고는 영원한 생명을 얻고자 하는 이들이 항상 마음에 깊이 새겨두어야 할 하나님의 음성이다.

"여호와 하나님이 그 땅에서 보기에 아름답고 먹기에 좋은 나무가 나게 하시니 동산 가운데에는 생명 나무와 선악을 알게 하는 나무도 있더라" 창 2:9

선 과 악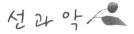

사단의 유혹으로 비롯된 인간의 불행은 하나님처럼 선악을 아는 능력을 가지려는 데서 비롯되었다. (창 3:5,22) 언약이 깨어짐으로 초래된 불행한 사태를 생각하면 선과 악을 분별하는 능력을 갖는 것은 사람에게는 어울리지 않는 일처럼 생각된다. 그러나 오히려 그 반대다. '선악을 알게 하는 나무'와 언약을 맺음으로 첫 사람 아담의 삶은 시작되었다. 이것은 선과 악에 대한 분명한 인식을 가지고 살라는 뜻이다. 그럼에도 선악을 아는 일이 불행한 사태가 된 것은 선악을 아는 일에 있어 피조물의 한계를 넘어 하나님처럼 되려는데 (창 3:5) 있었다.

선과 악에 대한 정확한 인식은 오직 하나님만이 감당하실 수 있는 일이다. 그러나 하나님은 사람에게도 선과 악을 알게 하셨다. 이는 피조물이 감당할 수준의 선과 악에 대한 인식의 허락이었다. 즉, 언약 안에서 계시된 선과 악에 대한 인식이 사람에게 허락된 선악의 범위였다. 이를 넘어서는 선과 악에 대한 지식의 추구는 가능하지도 않거니와 오히려 사단의 활동에 빌미만 더하게 할 뿐이다.

사람은 하나님의 말씀에 순종으로 응답하고 살아가는 피조물이다. 사람이 반드시 알아야 하는 선과 악은 하나님과 맺은 언약을 순종하는 여부에 달려있는 것이다. 하나님이 지정한 방식으로 먹고 살아가는 것이 선이며, 이를 벗어나는 것은 악이다.

성경은 많은 이야기를 담고 있지만, 결국은 먹고 살아가는 일에 있어서의 언약적 삶에 관한 기술이다.

언약적 삶에 관한 마지막 기록은 새 언약의 구주이신 예수 그리스도의 복음이다. 예수님의 생애와 가르침을 통하여 보여주신 언약적 삶은 죄인들로 하여금 선한 것과 악한 것에 대한 명확한 인식을 갖게 해 준다.

그러한 인식의 본보기가 되셨던 예수님의 생애는 악을 멀리하고 선을 추구하는 거룩한 삶을 통해 금생과 내세에 하나님이 주시는 복과 생명에 참여하는 유일한 길을 보여주셨다.

선은 무엇이며, 악은 무엇인가? 인간의 삶의 원리로 주어진 언약의 법을 지키며 먹고 사는가에 의해 선명하게 나눠진다.

"하나님이 가라사대 내가 온 지면의 씨 맺는 모든 채소와 씨 가진 열매 맺는 모든 나무를 너희에게 주노니 너희 식물이 되리라" 창 1:29

"선악을 알게 하는 나무의 실과는 먹지 말라 네가 먹는 날에는 정녕 죽으리라 하시니라" 창 2:16,17

먹거리, 그 이상의 의미

'삼일을 굶으면 도둑이 된다'는 속담이 있다. 이는 먹는 문제 앞에서 사람이 얼마나 연약한 존재인지를 보여준다. 먹는 문제를 초월한 천사들과 달리 사람은 한 끼의 양식에 의존하며 사는 심히 연약한 존재다. 왜 하나님은 사람을 이토록 연약하게 만들었는가? 라는 의문이 들 수 있지만 이는 사람을 향한 하나님의 심오한 계획에서 비롯된 것이다.

"약한 것으로 심고 강한 것으로 다시 살며"(고전 15:43)

"이는 내가 약할 그때에 곧 강함이라"(고후 12:10)

처음은 약하나 나중은 심히 강하게 되는 것이 사람을 향한 하나님의 계획이었다. 이러한 하나님의 계획은 사람을 만들기 전부터 이미 예정된 일이었다.

"하나님이 가라사대 우리의 형상을 따라 우리의 모양대로 우리가 사람을 만들고…"(창 1:26)

사람은 하나님의 자녀로 창조된 하나님의 후사이다. 이는 영원한 하나님의 나라를 기업으로 물려받아 다스릴 엄청난 존재라는 뜻이다.

이처럼 큰일을 감당하기에 필요한 것이 무엇이겠는가? 하나님의 나라는 일

점일획도 어김없이 말씀의 법이 주장되는 곳으로 피조물에겐 온전한 순종의 덕목이 요청된다. 온전한 순종을 배우기에 가장 적합한 상태는 자신의 연약함을 깨달을 때이다. 먹는 것에 자유로운 천사와 달리 사람을 한 끼의 양식에 의존하는 존재로 만드신 이유인 것이다

"선악을 알게 하는 나무의 실과는 먹지 말라 네가 먹는 날에는 정녕 죽으리라 하시니라" 창 2:17

정녕 죽으리라

언약의 파기는 지상 낙원에 엄청난 저주를 쏟아부었다. 사람이 겪는 모든 고통은 언약의 파기로 생겨났다. 언약의 파기로 생겨난 고통 중에 굶주림은 가장 위협적이다.

금식을 하다 보면 하루는 그런대로 견딜만하다. 이틀째부터는 느껴지는 고통의 수위가 다르다. 머릿속을 스치고 지나는 갖가지 음식들은 정신과 육체 모두를 압박한다. 삼일 째가 되면 그 고통은 절정에 이른다. 육신을 지탱하던 기운이 빠져나간 자리에는 말로 설명하기 어려운 굶주림의 고통이 생생하게 활개 친다. 아마도 굶주림이 주는 고통은 지옥의 고통을 땅에서 경험하게 만드는 일이라 해도 지나치지 않을 것이다.

어떤 사람이 공자에게 물었다.

"사람에게 가장 중요한 일이 무엇입니까?"

"먹고 사는 일이지" 공자가 대답했다.

굳이 공자가 아니어도 들을 수 있는 대답일 테지만, 그의 대답은 우리에게 한 가지 사실을 알려준다. 먹고 사는 일에 대한 해결이 인간사에서 가장 어려운 일이라는 것이다. 작게는 이웃 간의 다툼과 크게는 나라 간의 전쟁도 모두가 먹고 사는 문제의 원만한 해결책을 찾지 못함으로 비롯된 결과이다.

죄에 물든 연약한 인간에게는 먹고 사는 문제의 뚜렷한 해결책이 없다. 해결책은 오직 하나님만이 갖고 계신다. 그래서 하나님은 인류 역사의 시작부터 '정녕 죽으리라'는 엄한 법을 세우시고 먹고 사는 문제에 직접 관여하셨던 것이다.

"아담과 그 아내 두 사람이 벌거벗었으나 부끄러워 아니하더라" 창 2:25

벌거벗음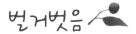

"벌거벗었으나 부끄러워 아니하더라" (창 2:25)

이는 언약을 지킴으로 자연스럽게 주어지는 거룩한 삶에 대한 창세기적 표현이다. 이러한 삶은 아담과 하와 두 사람뿐만 아니라, 오늘날의 그리스도인들이 본받아야 할 삶의 모습이기도 하다. 아담으로부터 시작된 거룩한 삶은 예수님의 생애와 가르침을 통해 마침내 밝히 드러났다.

예수님은 하늘을 나는 새와 들에 핀 한 송이 백합화를 통해 '벌거벗었으나 부끄럽지 않은 삶'의 모습이 어떤 것인지를 자기 백성들에게 가르치셨다.

새는 심지도, 거두지도, 창고에 모아들이지도 않으나 하나님께서 먹이신다. 백합화는 수고로이 길쌈도 하지 않으나 솔로몬의 입은 모든 영광보다 더 아름답게 하셨다. 두 비유의 핵심은 재물을 쌓아두고 살아가려는 인간의 탐욕적 삶을 지적함에 있다.

사람들은 재물을 쌓아둠으로써 부끄럽지 않은 삶을 살려고 하나 오히려 그럴수록 더욱 수치와 악을 쏟아낸다. 그것은 부끄럽지 않은 삶을 위한 생활방식이 잘못되었기 때문이다.

자연의 아름다움을 유지하는 최고의 방법은 있는 모습 그대로 두는 것이다. 사람의 의로움은 선악의 실과를 그냥 두는 데 있었던 것처럼, 언약의 법을 지키며 먹고 살아가는 데 있다. 벌거벗었으나 부끄럽지 않았던 아담과 하와의 삶은 이를 두고 하는 말이었다.

예수께서 벌거벗은 몸으로 세상 사람들 앞에서 죽으셨다. 이것은 우연한 일이 아니다. 아담의 수치를 가리기 위해 하나님이 가죽옷을 입히신 것처럼, 쌓아두고 살려는 탐욕적 삶이 초래한 벌거벗은 것 같은 인간의 수치를 대신 감당하기 위함이었다.

"아담에게 이르시되 네가 네 아내의 말을 듣고 내가 너더러 먹지 말라 한 나무 실과를 먹었은즉 땅은 너로 인하여 저주를 받고 너는 종신토록 수고하여야 그 소산을 먹으리라"

"땅이 네게 가시덤불과 엉겅퀴를 낼 것이라 너의 먹을 것은 밭의 채소인즉"

"네가 얼굴에 땀이 흘러야 식물을 먹고 필경은 흙으로 돌아가리니…" 창 3:17~19

땀을 흘리라

사단에 의해 언약이 파기되었다. 그 결과는 당장 먹고사는 문제에 어려움을 초래하게 만들었다. 먹고사는 일에 있어서 사람들이 직면한 어려움은 언약의 파기로 흘러든 죄와 깊은 관련이 있다.

죄는 하나님이 주시는 복에 쓴 뿌리를 자라게 하는 저주를 가져왔다. 죄는 땅과 사람 두 가지의 대상에 저주를 심었다. 풍성한 먹거리를 생산하던 땅은 가시와 엉겅퀴를 토해내는 거친 땅이 되었으며 사람들은 언약을 지키는 삶의 방식을 좋아하지 않게 되었다. 죄는 사람들로 하여금 언약적 삶을 싫어하게 만들었으며 조롱하며 대적하기도 한다. 이러한 현상은 참된 복과 생명의 구주가 되신 예수님의 가르침을 사람들이 외면하는 모습에서도 잘 드러난다.

아담의 범죄 이후, 사람이 겪게 된 모든 고통과 수치는 언약과 무관하게 살았던 삶에서 비롯된 것이다. 그래서 하나님은 범죄한 사람을 위해 새로이 말씀하셨다. 그것은 '땀을 흘리며 살라'는 명령으로 아담과 맺은 언약의 말씀이었다. (창 3:17~19) 죄에 오염된 아담과 맺은 두 번째의 언약은 협약이 아닌 일방적 명령에 더 가까웠다.

첫 언약이 파기되자 하나님은 "이마에 땀을 흘리라" (창 3:19) 는 삶의 법칙을 다시 세우셨다. 이는 성실함으로 땅을 일구며 양식을 취하라는 의미였다. 땀이 아니면 저주받은 땅을 회복할 다른 길이 없는 것이다.

'땀'과 '땅'은 글자의 모양새가 닮아 있듯, 노동을 통해 흘리는 땀은 땅에 심기운 저주를 푼다. 가시와 엉겅퀴를 토하던 땅에 땀이 들어가면 풍성한 먹거리들을 생산하는 아름다운 땅으로 바뀐다. 땀과 관련된 성실의 법은 죄의 저주가 망가뜨린 세상을 회복하는 데 있어 유일한 처방전이었다.

제2부 광야의 거룩한 음식문화

–모세는 이스라엘 민족에게 '이렇게 먹으라' 명령했다

"그러나 학대를 받을수록 더욱 번식하고 창성하니 애굽 사람이 이스라엘 자손을 인하여 근심하여"

"이스라엘 자손의 역사를 엄하게 하여"

"고역으로 그들의 생활을 괴롭게 하니 곧 흙 이기기와 벽돌 굽기와 농사의 여러 가지 일이라 그 시키는 역사가 다 엄하였더라"

출 1:12~13

애굽 생활의 고역

야곱의 자녀들이 애굽에 이주한 후, 400여 년의 세월이 흘렀다. 이민 초기 칠십 명에 불과했던 야곱의 식구들은 번성하여 하나의 민족을 이루게 되었다.

이 시기에 애굽 땅은 새 왕조가 출현하여 새로운 통치 방식을 세운다. 그로 인해 국민들의 삶은 변화되었다.

"요셉을 알지 못하는 새 왕이 일어나서 애굽을 다스리더니" (출 1:8)

새 왕조의 출현은 예전의 애굽 땅을 다스렸던 통치 방식을 거부했다. 그로 인해 요셉이 총리 시절 애굽 땅에 시행하였던 통치 방식은 막을 내리고 새 왕조의 구미에 맞는 통치 체제로 전환되었다. 이스라엘 백성들이 겪었던 혹독한 삶의 역사는 새 왕조의 통치 방식으로 인해 생겨난 사건이었다.

새 왕조의 출현은 힘없는 서민들의 삶에 가장 큰 위기를 초래하였다. 그들은 국가적 대 토목공사의 노역 현장에 동원되었으며 자비가 허락되지 않는 삶은 고통 그 자체였다. 예나 지금이나 약자들의 삶에 부담을 가중시키는 통치 방식은 부패한 권력 아래서 흔하게 나타나는 현상이다. 새 왕조의 출현으로 애굽 땅은 요셉으로 인해 세워졌던 언약의 법을 대신하는 통치 방식으로 다스림을 받게 된 것이다.

언약이 무너진 사회는 타인의 생명을 귀하게 여기지 않는 극단적 이기적인 사회로 바뀌게 된다. 이스라엘 민족이 애굽 땅에서 겪었던 고된 삶이 그러한 사실을 잘 보여준다.

빈부의 격차가 심화되어가는 오늘날 우리들이 살아가는 세상 역시 애굽 땅에 새 왕조가 들어섰던 시대적 현상과 많이 닮아 있다. 언약의 법이 실종된 시대를 살고 있는 증거라 해도 과언이 아닐 것이다.

"그 아이가 자라매 바로의 딸에게로 데려가니 그의 아들이 되니라 그가 그 이름을 모세라 하여 가로되 이는 내가 그를 물에서 건져 내었음이라 하였더라" 출 2:10

모세

모세는 기원전 1500 년 경의 사람이다. 그의 이름은 "물에서 건져 내었음이라" (출 2:10) 는 의미를 담고 있다. 후일 그는 홍해라 불리는 바다에서 백성들을 건져내는 구원 역사의 중심인물이 되었다.

그는 파란만장한 인생 여정 속에서 언약의 법으로 통치되는 거룩한 나라의 기초를 세운 위대한 지도자였다. 특히, 모세의 위대함은 언약을 지키려는 그의 헌신된 삶에서 찾을 수 있다.

모세는 아담부터 요셉에 이르기까지 창세기에 흐르는 언약의 물줄기를 이스라엘 민족을 통해 약속의 땅, 가나안으로 흘려보내기 위해 자신을 하나님께 온전히 드린 사람이었다. 모세의 헌신적 생애는 하나님을 믿는 자 곧, 하나님의 부르심을 입은 백성들이 평생에 해야 할 일이 무엇인지를 정확히 알려주고 있다는 점에서 오늘날의 교회에 시사하는 바가 크다.

그가 이스라엘 백성들을 통해 실현코자 했던 일은 어두운 세상을 밝히는 그리스도인의 거룩한 생활이 언약적 삶을 실천하는데서 오게 된다는 사실을 선명하게 보여준다.

모세는 새 왕조의 등장으로 언약적 삶이 무너진 애굽 땅에서 출애굽의 큰 역사를 이루어 내었다. 그리고 출애굽의 역사를 통해 다가올 미래에 약속의 땅에서 성취되어야 할 하나님 나라의 비전을 제시하고 이끌었던 인물이다. 모세의 위대한 정신과 삶을 가능하게 한 것은 바로 언약의 말씀이었다.

"이제 이스라엘 자손의 부르짖음이 내게 달하고 애굽 사람이 그들을 괴롭게 하는 학대도 내가 보았으니"
"이제 내가 너를 바로에게 보내어 너로 내 백성 이스라엘 자손을 애굽에서 인도하여 내게 하리라" 출 3:9,10

출애굽

출애굽은 이스라엘 민족이 애굽의 학대에서 벗어나 자유로운 삶을 갈망했던 민족적 탈출 사건이었다. 민족 대 이동이 탈출 사건으로 회자되는 것은 붙잡아 두려 했던 애굽의 지배 세력과 벗어나고자 했던 백성 간의 큰 긴장이 있었기 때문이다.

출애굽 사건은 대단히 중요하다. 이 사건은 마귀의 사망 권세 아래 놓인 죄인들을 예수께서 구원하신 사건에 비유되곤 하는데, 그와 더불어 죄 가운데서 구원받은 교회라는 거룩한 공동체가 지상에서 존재하는 이유가 무엇인지를 밝히 보여준다.

요셉의 유언에서 이미 예견된 출애굽은 이스라엘 민족을 향한 애굽 사람들의 학대가 촉발시킨 사건이었다. 그러나 출애굽은 단순히 이스라엘 민족만을 자유케 할 목적으로 일어난 사건이 아니었다.

그 당시 사회의 권력 집단에 의해 학대받는 세상의 모든 사람들과 관련된 사건이었다.

하나님은 이스라엘 백성들만의 하나님이 아니시다. 고통받는 세상의 모든 사람들을 자유케 하려는 분이시다. 즉, 부패한 권력 집단에 의해 고통받는 이들을 긍휼히 여기시며, 나아가 고통의 문제를 근본적으로 해결해 주기를 원하신다.

이스라엘 민족의 출애굽은 이러한 하나님의 선하신 계획을 지상에 실현하기 위해 첫 발걸음을 내디딘 사건이었다.

"요셉이 그 형제에게 이르되 나는 죽으나 하나님이 너희를 권고하시고 너희를 이 땅에서 인도하여 내사 아브라함과 이삭과 야곱에게 맹세하신 땅에 이르게 하시리라 하고" 창 50:24

"내가 내려와서 그들을 애굽인의 손에서 건져 내고 그들을 그 땅에서 인도하여 아름답고 광대한 땅, 젖과 꿀이 흐르는 땅 곧 가나안 족속, 헷 족속, 아모리 족속, 브리스 족속, 히위 족속, 여부스 족속의 지방에 이르려 하노라" 출 3:8

약속의 땅, 가나안

요셉의 때에 애굽 땅은 하나님의 구원하심으로 평화의 시대를 맞이하게 되었다. 땅 위에 이루어질 세상의 평화는 하나님께서 언약을 세우심으로 지상에 실현코자 했던 창조의 목적이었다.

요셉의 때에 애굽 땅은 하나님의 크신 구원의 영광을 경험하였다. 그를 통해 일어난 하나님의 구원은 아프리카 대륙의 한편에서 일어난 사건이었다.

당시의 가나안은 크기는 작지만 유럽과 아프리카 그리고 아시아로 나아갈 수 있는 지리적 요충지였다. 하나님께서 온 세상 가운데 구원의 역사를 성취하시기에 적합한 장소라는 점에서 결코 작은 땅이 아니었다.

요셉 한 사람에서 하나의 민족으로, 아프리카의 한 지역이 아닌 지역적 한계를 뛰어넘을 수 있는 대륙의 중심으로 구원 역사의 무대가 옮겨져야 할 필요가 있었다. 그러한 이유로 하나님은 가나안 지역을 약속의 땅으로 이스라엘 백성들에게 주시기로 작정하신 것이다.

"이스라엘 자손의 온 회중이 엘림에서 떠나 엘림과 시내산 사이 신 광야에 이르니 애굽에서 나온 후 제 이월 십오일이라" 출 16:1

광야 생활 🫒

이스라엘 민족에게 있었던 출애굽 사건은 그들만을 위한 일이 아니었다. 세상 모든 민족을 구원하기 위해 일어난 사건이었다.

아담에게 인류의 운명이 달려 있었던 것처럼, 세상을 구원하는 일은 이스라엘 민족에게 맡겨진 중대한 사명이었다. 세상의 구원이라는 사안의 중대성을 고려할 때 이스라엘 민족은 이 일에 철저히 준비되어야 했다.

이스라엘 민족에게 가해졌던 학대와 출애굽을 저지하려 했던 바로의 통치 방식에서 보았듯이, 세상의 구원을 위해서는 어둠의 법으로 세상을 지배하려는 거대한 권력과의 치열한 싸움은 피할 수 없다. 이 점을 고려할 때 철저한 준비가 갖추어져야 한다는 것은 굳이 설명할 필요가 없을 것이다.

출애굽 후부터 가나안 입성에 이르기까지 이스라엘 민족이 겪은 고단한 삶의 여정은 세상의 구원을 위한 준비과정이었다. 그리고 세상의 문화와 단절된 거칠고 메마른 광야는 온 세상을 구원하기 위하여 거룩한 능력을 갖추는 준비과정 장소로 더할 나위 없이 좋은 곳이었다.

세상을 구원하는 일에 있어서 가장 강력하고도 적합한 무기는 세상 사람들의 삶과 구별되는 이스라엘 민족만이 지녀야 하는 거룩한 삶이었다.

즉, 광야 생활의 필요성은 언약의 법을 지킴으로 이스라엘 민족이 갖추어야

했던 거룩한 삶의 모습 때문이었다. 이것이 없이는 약속의 땅을 정복하는 것
도, 세상을 구원하는 일도 모두가 불가능했던 것이다.

"그 이슬이 마른 후에 광야 지면에 작고 둥글며 서리같이 세미한 것이 있는지라"
"이스라엘 자손이 보고 그것이 무엇인지 알지 못하여 서로 이르되 이것이 무엇이
냐 하니 모세가 그들에게 이르되 이는 여호와께서 너희에게 주어 먹게 하신 양식
이라" 출 16:14,15

만나

'이게 뭐지!'

하늘로부터 공급된 양식을 처음 보았던 이스라엘 백성들의 반응이었다. 태
초에 '선악을 알게 하는 나무의 실과'가 사람에게 주어진 이후, 만나는 가장 세
심한 주의가 요구되는 먹거리였다. 신중한 주의가 요구된다는 점에서 만나라
는 양식은 선악을 알게 하는 나무의 실과와 다를 것이 없었다.

금단의 실과를 먹음으로 인류가 죽음에 처한 것 같이, 만나에 주어진 주의
사항을 어기고 부주의하게 이 양식을 먹은 자들 역시 죽음을 면치 못하였다.

세심한 주의가 요구되는 양식이라는 점에서 선악을 알게 하는 나무의 실과
에 주어졌던 것 같이 조금은 어리석은 질문이 만나에도 주어질 수 있다. '왜 하
나님은 이토록 위험한 양식을 이스라엘 백성들에게 주셨는가?' 라는 것이다.

이는 첫 언약 속에 질문에 대한 대답이 이미 들어 있었다. 먹거리에 대한 철저
한 구별이 거룩함이었기 때문이다. 더 정확히 말하면, 하나님과 언약을 맺은
거룩한 백성으로 살아가기 위해서는 먹는 일을 철저히 구별하는 훈련을 받아
야 할 필요가 있었다는 뜻이다.

．

　과거 애굽 생활에서의 고단했던 삶의 역사가 보여주듯, 이스라엘 민족에 대한 바로 왕의 폭정은 요셉 알기를 거부함(언약적 통치방식의 거부)으로 생겨난 일이었다. 백성들의 삶을 핍절케 하는 바로 왕의 폭정은 인간의 탐욕에 뿌리내린 정책의 결과로써 언약이 추구하는 인간의 거룩한 삶과는 정면으로 부딪히는 일이었다.

　세월이 흘러도 영원히 변치 않을 하나님의 뜻이 있다. 모든 사람들이 평화롭게 살아가는 안식의 세계 곧, 하나님의 나라가 지상에 건설되는 것이다. 이를 위해 하나님은 이스라엘 백성들을 하나님 나라 건설의 주역으로 삼고자 하셨다. 그리고 만나는 하나님 나라 건설의 주역을 양성하기 위해 하늘로부터 특별하게 주어진 훈련 양식이었던 것이다.

"여호와께서 이같이 명하시기를 너희 각 사람의 식량대로 이것을 거둘지니 곧 너희 인수대로 매 명에 한 오멜씩 취하되 각 사람이 그 장막에 있는 자들을 위하여 취할지니라 하셨느니라" 출 16:16

매 명에 한 오멜 🥔

이스라엘 백성들에게 하늘로부터 양식이 주어지자 거룩한 삶을 위한 훈련의 구체적인 지침들도 함께 주어졌다.

"여호와께서 이같이 명하시기를 너희 각 사람의 식량대로 이것을 거둘지니 곧 너희 인수대로 매 명에 한 오멜씩 취하되 각 사람이 그 장막에 있는 자들을 위하여 취할지니라 하셨느니라" (출 16:16)

한 사람에 한 오멜씩 거두는 분량에 관한 엄격한 지침이 주어졌다. 군 훈련소 시절, 개인의 식사량과 상관없이 밥을 먹었던 때가 있었다. 식판 가득히 담기길 원했지만 주어지는 양은 거의 일정했다.

한 번은 동작이 민첩했던 훈련병이 두 번 배식을 받는 일이 있었다. 그로 인해 큰 소리가 오가며 잠시 동안 내무반 분위기가 싸늘해졌다. 한 끼의 양식으로도 돈독했던 관계가 쉽게 깨어질 수 있다는 것을 실감한 사건이었다. 먹는 것의 차이는 하나 됨의 관계를 깨뜨리기에 충분하다.

유월절은 이스라엘 민족의 독립일로 자유민이 된 것을 기념하는 절기였다. 유월절을 위해 반드시 준비해야 할 것이 있는데 가족 수 대로 양고기를 마련하는 것이다. 이 규례의 제정은 함께 먹고 살아가는 이들이 언약을 지키는 하나님의 백성임을 교훈하기 위함이었다.

이스라엘 백성들의 광야 생활에서 주어졌던 만나의 정해진 분량 역시 유월절 양고기의 규례와 그 의미를 같이 하는 것이다. 한 사람에 한 오멜 씩 거두게 하셨던 만나의 규례를 통해 하나님은 이스라엘 백성들에게 말씀하셨다.

"너희는 형제이니 함께 나누며 먹고 살아라"

"이스라엘 자손이 그같이 하였더니 그 거둔 것이 많기도 하고 적기도 하나"
"오멜로 되어 본즉 많이 거둔 자도 남음이 없고 적게 거둔 자도 부족함이 없이
각기 식량대로 거두었더라" 출 16:17,18

부족함이 없었다 🍋

만나는 하늘에서 만들어져 땅으로 공급된 양식이었다. 매일 새벽 동이 트기
전, 이스라엘 백성들은 광야로 나아가 하늘로부터 주어진 만나를 거두었다.
그 결과 놀라운 일이 일어났다. 만나를 거둔 이들 가운데 양식에 부족한 사람
들이 없었던 것이다. 인간 세상에서 양식에 부족함이 없는 일이 일어난다는 것
은 불가능한 일일 것이다. 그것은 모세를 통해 주어진 하나님의 명령을 따라
이스라엘 백성들이 양식을 거둠으로써 이루어낸 결과였다.

광야는 거칠고 메마른 땅이어서 사람이 살기에 부적합한 땅이었다. 그럼에도
모두가 양식에 부족함이 없는 것을 경험한 점에서는 가장 이상적인 사회의 모
습을 보여준 장소이기도 했다.

사람은 각자 개성과 능력이 다르다. 그래서 같은 일을 해도 결과는 다르게
나타난다. 만나를 거두는 일에 있어서도 사람들마다 거둔 것이 많기도 하고
적기도 했다. 그런데 집으로 돌아가는 이들의 양식 주머니는 누구도 부족함이
없었다. 이러한 결과는 계산하지 않고 양식을 서로 나누는 거룩한 삶의 방식에
모두가 성실히 참여함으로 이루어 낸 결과였다.

광야는 능력 위주의 삶이 아닌 서로를 돌아보아 섬기는 사랑이 우선시되는
거룩한 사회 공동체였다.

"모세가 그들에게 이르기를 아무든지 아침까지 그것을 남겨두지 말라 하였으나"
"그들이 모세의 말을 청종치 아니하고 더러는 아침까지 두었더니 벌레가 생기고 냄새가 난지라 모세가 그들에게 노하니라" 출 16:19,20

역한 냄새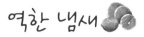

만나에 주어진 엄격한 규칙은 거두는 양식의 분량이 정해진 것과 거두어진 것을 남기지 않는 것이었다. 첫 번째 규칙이 이스라엘 백성들을 사랑의 공동체로 하나 되게 하는 것이었다면, 두 번째의 규칙은 하나 된 공동체를 깨뜨리지 않고 지속적으로 유지하기 위함이었다. 사랑의 띠로 하나 된 공동체를 세우는 것과 지켜내는 것, 이를 위해 만나의 규칙은 엄격했던 것이다.

엄격한 규칙에도 불구하고 우려했던 일이 일어났다. 백성들 중에는 아침까지 만나를 남겨둠으로써 진 가운데 벌레가 생겼고 만나의 썩는 냄새를 풍기게 하였다. 이 냄새로 인해 이스라엘 공동체가 오염되었다. 두려운 것은 이 냄새가 이스라엘 공동체를 분열시키고 무너지게 만들었다는 점이다.

만나에 주어졌던 규칙이 엄격했던 것은 인간의 뿌리 깊은 죄의 본성과 관련되어 있다. 죄가 인간 세상에 유입된 이후 생겨났던 먹고 사는 문제의 어려움은 사람들로 하여금 자연스럽게 자원을 쌓아두려는 모습으로 흘러가게 만들었다. 이러한 삶의 모습은 사회 구성원 모두의 생존을 위협하는 대단히 위험한 일이다. 세상을 어지럽히는 모든 악이 여기에서 생겨난다 해도 과언이 아닐 것이다.

오늘날 사회를 분열과 혼란에 빠뜨리는 경제적인 양극화 현상은 자원을 쌓아두려는 이들의 이기적인 삶의 방식에서 비롯되었다. 세상의 모든 자원은 하나님의 것이다. 그리고 이 자원은 모든 사람들의 복된 삶을 위해 하나님으로부터 잠시 동안 빌려 쓰는 공공재이다. 이를 무시하고 쌓아두는 것은 사회 공동체에 역한 냄새를 풍기는 것이며, 세상의 평화를 위해 언약의 거룩한 법을 세우신 하나님의 뜻을 거스르는 일이 된다. 만나를 남겨둠으로 인해 역한 냄새가 났던 것은 재물을 쌓아두려는 인간의 악한 행위를 경계하기 위함이었던 것이다.

지옥에는 형벌받을 자들을 위해 예비된 벌레가 있다. 썩는 냄새를 좋아하는 구더기이다. 이 구더기는 모세의 명령을 어기고 만나를 취한 것 같이 하나님의 것을 자기 것인 양 켜켜이 쌓아둠으로 세상에 역한 냄새를 풍긴 자들을 위해 예비된 벌레다.

만나는 유통기한을 철저히 지켜야만 먹을 수 있었던 대단히 예민한 양식이었다. 이를 어기고 쌓아두자 곧바로 썩어 역한 냄새를 풍겼다. 자신만을 위해 과도히 재물을 쌓아두려는 이기적인 행위는 사회 공동체의 평화를 무너지게 하는 중대한 악이라는 사실을 역력히 보여준다.

"백성이 하나님과 모세를 향하여 원망하되 어찌하여 우리를 애굽에서 인도하여 올려서 이 광야에서 죽게 하는고 이곳에는 식물도 없고 물도 없도다 우리 마음이 이 박한 식물을 싫어하노라 하매"
"여호와께서 불 뱀들을 백성 중에 보내어 백성을 물게 하시므로 이스라엘 백성 중에 죽은 자가 많은지라" 민 21:5,6

박한 식물

만나에 대한 불평은 광야의 이스라엘 백성들이 저지른 죄 중에 가히 으뜸이라 할 만한 범죄였다. 그로 인해 불뱀을 불러들이는 무서운 결과를 낳았다. 예외는 있으나 불뱀으로 인한 이스라엘 백성들의 죽음은 돌이킬 수 없는 심각한 죄의 결과로 일어난 사건이었다. 만나에 대한 거부가 불뱀을 부른 것은 이 사건이 '정녕 죽으리라'는 언약의 중한 법과 관련된 일이었기 때문이다.

만나는 뚜렷한 특성을 갖고 있었다. 땅에서 생겨난 양식이 아니라 하늘에서 직접 공급된 양식이다. 이러한 방식으로 양식이 주어진 것은 이스라엘 백성들을 언약의 법을 따라 먹고 살게 하려는데 있었다. 즉, 만나는 거룩한 음식 문화를 이스라엘 백성들의 삶 속에 정착시키려는 목적으로 공급된 특별 양식이었다.

그러므로 만나에 대한 불평은 이스라엘 백성들에게 주어진 거룩한 사명 곧, 언약적 삶에 대한 거부를 의미하는 것이었으며 죄에 오염된 옛 삶의 방식대로 살고 싶다는 표현이었다.

만나에 대한 이스라엘 백성들의 불만은 나름대로의 이유가 있었다. 광야는 만나를 거두기 위해 매일같이 새벽을 깨워야 하는 번거로운 삶의 연속으로 양식을 쌓아두고 싶은 유혹과 항상 맞서 싸워야 하는 피곤한 현장이었다. 그래서 '박한 식물을 싫어하노라' 라는 이스라엘 백성들의 불평이 어쩌면 당연한지도 모른다.

하지만 고단한 삶과 유혹을 이겨내고 언약적 삶의 방식을 자신들의 삶의 원리로 받아들여야만 하는 것이 이스라엘 백성들에게 주어진 중요한 사명이었다.

만나에 대한 불평은 단순히 양식 자체에 대한 것이 아니었다. 하나님이 제정하신 거룩한 삶에 대한 불평이었다. 이는 출애굽을 통해 이스라엘과 맺었던 언약을 깨뜨리는 중대한 범죄였던 것이다.

'박한 식물이라' 하며 만나에 대한 불평을 함으로써 이스라엘 민족이 만났던 불뱀의 재앙은 오늘을 살아가는 우리에게도 생생한 교훈을 준다.

언약에 위배되는 삶의 방식에 대한 부패한 생각들이 거룩하게 살아가야 할 그리스도인들의 마음을 너무도 쉽게 흔들어 놓기 때문이다.

"제 이 년 정월 곧 그 달 초일일에 성막을 세우니라"

"모세가 성막을 세우되 그 받침들을 놓고 그 널판들을 세우고 그 띠를 띠우고 그 기둥들을 세우고"

"또 성막 위에 막을 펴고 그 위에 덮개를 덮으니 여호와께서 모세에게 명하신 대로 되니라" 출 40:17~19

성막

마침내 모세의 주도로 성막이 세워졌다. 이스라엘 백성들의 정성과 땀이 결집된 출애굽 2 년 만의 민족적 대 역사였다.

첫 언약이 나무의 형태로 땅 위에 세워진 이후, 성막은 조립식 구조물의 모양으로 다시 세워진 언약의 법이었다. 사람의 운명을 결정짓는 언약의 구조물이었다는 점에서 성막은 노아의 방주 이후 사람의 손으로 지어진 가장 중요한 건축물이었다.

겉모양만 봐서는 성막이 언약의 법이 담겨있는 구조물이라는 사실을 깨닫기 어렵다. 성막 안에 비치된 기구들 곧, 번제단, 성소의 떡상, 지성소 안의 궤 같은 기구들을 보면 성막이 언약의 구조물이라는 사실을 알게 된다. 그중에서 이스라엘 열두 지파를 상징하는 진설병을 올려놓는 떡상은 언약의 법을 가장 잘 보여주는 증거물이다. 첫 언약의 실과처럼 떡상 위의 진설병 역시 제사장에 의해 철저히 관리되어야 했던 거룩한 먹거리였기 때문이다.

성막이 이스라엘 백성들의 거룩한 삶의 방식을 지정해 주었던 언약의 구조물이라는 또 다른 증거는 세워져 있는 위치에서도 잘 나타난다. 거룩히 구별되는 떡상이 비치된 성막은 이스라엘 열두 지파의 정중앙에 위치해 있었다. 이러한 성막의 위치는 에덴동산 중앙에 있던 언약의 나무를 연상시킨다.

먹을 것의 구별을 정해놓은 언약의 법을 지키는 것이 아담에게 가장 중요한 일이었던 것처럼, 이스라엘 백성에게도 가장 중요한 일은 진설병을 올려놓는 떡상이 있는 성막을 지키며 사는 것이었다. 성막을 지키는 삶이란 진설병에 주어진 법 곧, 먹는 법을 엄격하게 지키고 살아가는 것을 의미하는 것이다.

이러한 점에서 성막은 이스라엘 백성들에게 의로운 길로 안내해 주는 거룩한 주방과도 같은 곳이었다.

"상 위에 진설병을 두어 항상 내 앞에 있게 할지니라" 출 25:30

"항상 매 안식일에 이 떡을 여호와 앞에 진설할지니 이는 이스라엘 자손을 위한 것이요 영원한 언약이니라"

"이 떡은 아론과 그 자손에게 돌리고 그들은 그것을 거룩한 곳에서 먹을지니 이는 여호와의 화제 중 그에게 돌리는 것으로서 지극히 거룩함이니라 이는 영원한 규례니라" 레 24:8,9

진설병의 규칙 🍋

성막은 모세가 하나님의 지시를 받아 만들었던 언약의 구조물이다. 선악을 알게 하는 나무로 맺었던 첫 언약의 법이 심히 엄격했던 것처럼, 성막을 관리하는 일 역시 엄격한 규칙이 요구되었다. 이스라엘 민족의 영원한 언약이었던 진설병을 관리하는 일은 더욱 특별했다. 진설병에 주어진 엄격한 규칙들은 다음과 같다.

첫째, 떡의 크기가 일정해야 했다.

둘째, 매 안식일을 지켜 떡을 하나님께 드려야 했다.

셋째, 아론과 그의 자손들에게 떡이 주어져야 했다.

넷째, 장소를 구별해서 먹어야 했다.

마치 엄한 시어머니가 며느리에게 밥상을 차리게 하는 것처럼 진설병의 규칙은 까다로웠다. 게으르고 책임감이 결여된 삶의 자세로는 진설병에 주어진 규칙을 제대로 지켜낼 수가 없었다. 진설병에 주어진 규칙이 엄격했던 것은 이스라엘 민족에게 주어진 언약적 사명의 중요성을 깨닫도록 하기 위함이었다.

언약의 법을 지킴으로 이루어지는 거룩한 삶을 위해 가장 우선적으로 요청되는 일이 있다. 하나님을 향해 항상 깨어있는 정신 자세를 갖고 있어야 한다.

참된 복과 생명의 법으로 주어졌던 첫 언약이 죽음의 법이 되어버렸던 불행한 사태가 이를 잘 설명해 준다. 사단이 뱀의 탈을 뒤집어쓰고 하와를 유혹하여 언약을 저버리게 하였다. 그러나 하와에게 언약을 깨뜨리려는 사단의 유혹을 거부할 방어기제가 전혀 없었던 것도 아니다. 문제는 하와가 언약을 지킬만한 깨어있는 상태가 아니었다는 것이다. 하와의 정신이 하나님을 향해 깨어있었다면 아마도 인류의 운명은 달라졌을 것이다.

진설병에 주어진 규칙은 엄격하고 까다로웠기에 온전히 지키는 것은 심히 피곤한 일이었다. 그러나 규칙이 엄격했던 데는 그만한 이유가 있었다. 언약을 지켜야 할 책임을 가진 제사장들에게 항상 깨어있는 정신을 갖도록 하기 위함이었다. 깨어있지 않고서는 언약을 깨뜨리려는 사단의 예리한 공격을 막아낼 수가 없기 때문이다.

항상 기도해야 하는 삶이 그리스도인의 숙명처럼 주어진 것도 같은 이유인 것이다. 사단은 하나님께서 정한 거룩한 삶의 법도인 언약을 지키려는 백성들을 집어삼키기 위해 날마다 우는 사자와 같이 돌아다닌다.

"너희도 아는 바니 만일 집주인이 도적이 어느 경점에 올 줄을 알았더면 깨어있어 그 집을 뚫지 못하게 하였으리라" (마 24:43)

"너는 고운 가루를 취하여 떡 열둘을 굽되 매 덩이를 에바 십분 이로 하여"

"여호와 앞 순결한 상 위에 두 줄로 한 줄에 여섯씩 진설하고"

"너는 또 정결한 유향을 그 매 줄 위에 두어 기념물로 여호와께 화제를 삼을 것이며" 레 24:5~7

매 덩이 에바 십분 이

진설병에 주어진 첫 번째 규칙은 열두 덩이 떡의 크기였다. 이스라엘 열두 지파를 상징하는 열두 덩이 떡의 크기는 각각 에바 십 분의 이 분량으로 만들어야 했다.

진설병의 일정한 크기에 대한 규칙은 만나를 거둘 때의 엄격한 규칙과 흡사했다. 만나는 한 사람에 한 오멜씩(2.34ℓ) 거두었다면, 진설병 한 덩이는 에바 십 분의 이(4.6ℓ)로 만들어졌다.

제사장은 정해진 분량의 규칙에 따라 열두 덩이의 떡을 만들어 떡상 위에 올려놓았다. 이렇게 만들어진 진설병은 하나님께 먼저 드려진 후, 매 안식일에 다시 새 것으로 교체되었으며 그 진설병은 성막을 섬기는 제사장 가족들의 양식이 되었다.

'남의 떡이 더 크게 보인다'는 말이 있다. 이는 떡의 크기가 항상 동일했다면 생겨나지 않았을 것이다. 떡의 크기는 대단히 중요하다. 평화를 깨뜨리는 주된 원인이 되기 때문이다.

하나님께 바쳐지는 진설병은 에바 십 분의 이라는 엄격한 규칙을 지켜서 만들어졌다. 이는 세상에 평화를 부르는 가장 중요한 원리가 균등한 삶에 있음을 가르치기 위함이었다. 이 규정은 후일 이스라엘 민족이 정복하여 취한 약속의 땅을 나누는 일에 잡음이 없게 하는 중요한 지침이 되었다. 하나님의 나라 곧, 더불어 살아가는 평화로운 세상을 만들기 위해 공평한 분배보다 더 중요한 일은 없을 것이다.

"항상 매 안식일에 이 떡을 여호와 앞에 진설할지니 이는 이스라엘 자손을 위한 것이요 영원한 언약이니라" 레 24:8

매 안식일에 진설하라

이스라엘의 영원한 언약이었던 진설병은 안식일의 떡이었다. 안식일을 지키기 위해서는 일주일에 한 번씩 떡을 새롭게 만들어 떡상 위에 올려놓아야 했다. 이러한 규칙이 세워진 것은 첫 언약의 파기로 상실되었던 안식을 회복하려는 하나님의 계획을 이스라엘 백성들에게 심어주기 위함이었다.

이스라엘 민족의 선택, 성막의 건축 그리고 성막을 섬기는 엄격한 규칙들은 언약의 법이 무너짐으로 상실되었던 안식을 회복하려는 하나님의 선하신 계획이었다.

안식의 상실과 동시에 발생했던 죽음을 비롯한 인간이 겪게 된 땅 위의 모든 고통은 하나님의 뜻이 아니다. 안식일과 관련된 진설병의 엄격한 규칙이 전하는 교훈은 분명하다. 진설병에 주어진 엄격한 법을 지킴으로써만 안식일을 지킬 수가 있었다는 것이다. 이것은 거룩하게 먹고 살아가는 이스라엘 민족의 언약적 삶을 통해서만 무너졌던 안식의 세계가 이 세상 가운데 회복될 수 있다는 의미다. 예수께서 먼저 하나님 나라를 구하라 말씀하셨던 것도 사라진 안식의 회복과 연관된 말씀이었다.

무너졌던 안식의 회복을 위해 하나님은 열방 가운데서 이스라엘 민족을 부르셨다. 하지만 불행하게도 이스라엘 민족은 하나님의 부르심과는 거리가 멀었다. 매 안식일을 지켜 떡을 만들게 했던 하나님의 뜻이 무엇을 의미하는 지를 제대로 깨닫지 못했던 것이다.

안식일에 맞춰 떡상 위에 올려졌던 진설병의 규칙은 후일 예수를 십자가 형틀 위에 못을 박는 사건으로 이어졌다. 예수께서 십자가에 매달려 죽으심으로 하나님은 거룩하게 구별된 새로운 하늘 양식을 만들어 죄인들에게 주셨다.

예수의 피와 살로 만들어진 성찬의 양식이 바로 그것이다. 예수의 피는 참된 음료이며 살은 참된 양식이 되었다. 교회는 예수의 살과 피를 먹고 마심으로 이 시대에 무너진 안식을 회복해야 할 중대한 사명을 가지고 있다.

그런 의미에서 예수께서 제정하신 성찬의 떡은 이 시대의 안식을 회복하기 위해 주어진 진설병과도 같다. 대제사장이시며 새 언약의 구주이신 예수 그리스도의 본을 따라 살아가는 성도의 거룩한 삶은 이 시대를 하나님의 안식 곧, 세상의 평화를 이루는 구원의 영광을 경험하게 할 것이다.

"이 떡은 아론과 그 자손에게 돌리고 그들은 그것을 거룩한 곳에서 먹을지니 이는 여호와의 화제 중 그에게 돌리는 것으로서 지극히 거룩함이니라 이는 영원한 화제니라" 레 24:9

아론과 그 자손에게 돌리라 🫘

언약의 떡, 진설병은 아론과 그 자손들에게 돌려졌다. 제사장의 직무를 감당하기 위해서는 반드시 진설병을 먹어야 했다.

아담에게 맡겨졌던 언약이 무너진 이후, 하나님은 언약의 법을 이스라엘 민족에게 맡기셨는데 그 방식이 특이했다. 성막의 중심이었던 성소라는 자리에 진설병의 형태로 언약의 법을 주셨던 것이다. 그리고 진설병은 제사장만이 먹을 수 있었다. 이것은 언약의 법을 보호하기 위해 마련된 안전장치였던 것이다. 여기에 한 가지 주의 사항이 더 추가되었다. 진설병을 제사장 자손들의 양식으로 영원히 구별해 놓았던 것이다. 이는 진설병에 담아두었던 언약의 법이 끊어지지 않고 대대로 이스라엘 민족에게 전달되도록 하기 위함이었다. 귀한 가업이 끊어지지 않고 계승되도록 하기 위해 자녀들에게 물려주는 것과 같은 이치다.

진설병이 제사장 가문이었던 아론과 그 자손들의 양식으로 구별되었던 또다른 이유는 언약의 법을 지키기 위해서는 특별한 헌신이 필요했기 때문이다.

'정녕 죽으리라'는 아담 언약에서 보여주듯이 언약을 지키며 산다는 것은 목숨을 건 굳은 의지와 헌신이 요구된다. 진설병이 제사장과 그 자손들의 양식으로 영원히 구별된 것은 언약을 지켜내기 위한 헌신의 삶을 대대로 이어지게 하기 위함이었다.

제사장의 밥상에는 항상 진설병이 있었다. 진설병을 양식으로 삼기 위해서는 하나님께 드려진 이후 칠 일을 기다려야 했다. 그래서 진설병에는 갓 구워낸 떡이 담고 있는 온기는 전혀 없었다. 유향이 더하여지긴 했어도 양식으로 취하는 데에는 평균보다 조금 부족한 떡이었다. 유향은 떡의 변질을 방지하기 위한 최소한의 조처였을 뿐이다.

한마디로 진설병은 소박한 밥상에 대한 헌신의 요구였다. 언약의 법을 성취하기 위해서는 누군가 거룩한 삶을 위한 희생의 본보기가 반드시 있어야 했다. 제사장은 이스라엘 백성들 앞에서 소박한 밥상을 취함으로 헌신의 본을 보여주어야 하는 사람들이었다.

이스라엘 민족이 멸망의 시기에 보였던 뚜렷한 점은 밥상의 변화였다. 당시 지도층과 서민들의 밥상엔 큰 차이가 있었다. 백성들의 메마른 밥상과 달리 왕을 비롯한 제사장들의 밥상은 기름진 음식으로 가득했다. 서민들의 밥상과 비교되는 지도층의 호사스러운 밥상은 예나 지금이나 나라의 분열과 혼란을 가중시키는 주된 원인이 될 수 있다. 모세의 위대함은 언약의 법을 지키기 위해 이스라엘 백성들 앞에서 헌신의 밥상을 취한 점이다.

이는 세상을 구원하기 위해 이 시대의 교회와 세상의 지도자들에게 반드시 필요한 덕목일 것이다. 이러한 헌신 없이는 목회와 세상 정치에서 아무것도 기대할 수 없는 것이다.

"이 떡은 아론과 그 자손에게 돌리고 그들은 그것을 거룩한 곳에서 먹을지니 이는 여호와의 화제 중 그에게 돌리는 것으로서 지극히 거룩함이니라 이는 영원한 화제니라" 레 24:9

거룩한 곳에서 먹으라

진설병의 마지막 규칙은 장소에 관한 것이었다. "그들은 그것을 거룩한 곳에서 먹을지니"(레 24:9) 장소를 구별하여 먹게 하였던 것은 떡에 유향을 발라 거룩하게 했던 것에 대한 추가적 조처라고 할 수 있다.

일주일 동안 떡상 위에 놓여 있었던 떡은 교체된 후에 제사장의 한 주간 양식이 되었다. 만들어지고 모두 소비되기까지는 두 주간이란 시간이 걸렸기에 장소의 구별은 당연한 일이었다.

진설병은 언약의 교훈을 담고 있는 거룩한 떡이기에 부패하여 버려지는 것은 결코 용납될 수 없는 일이었다. 만약 상하여 버려지는 일이 쉽게 용납되었다면 언약의 교훈 역시 소홀히 여겨지는 일이 발생할 수도 있었을 것이다.

광야 시절 안식일에 나무를 했던 사람이 돌에 맞아 죽는 일이 있었다. (민 15:32~36) 주어진 처벌로서는 너무 과한 형벌이라 여겨질 수도 있었으나 이는 안식일에 담겨있는 언약적 교훈이 이스라엘 백성들의 마음에 가볍게 여겨지지 않도록 하기 위해 주어진 조처였다.

하와를 넘어뜨렸던 뱀의 유혹이 전하는 중요한 교훈이 있다. 축복의 땅이었던 에덴동산이 한순간의 방심으로 가시와 엉겅퀴가 나는 저주가 심긴 땅이 되어 버렸다. 세우기는 어려우나 무너지기 쉬운 것이 언약의 법이다. 언약은 더불어 살게 하는 거룩한 밥상의 법이다. 거룩한 장소에 대한 구별은 한순간의 방심으로 밥상의 법이 무너질 수 있는 언약의 특성으로 인해 취해진 것이다.

먹는 문제 앞에서 인간은 너무도 쉽게 불의와 타협하는 연약한 존재다. 언약의 법을 지킴으로 이루어지는 거룩한 삶을 위해서는 이를 지키려는 세심한 주의와 굳은 결단력이 항상 필요하다.

진설병에 주어진 장소의 구별은 먹고 살기 위해 세상의 법에 쉽게 타협하는이들에게 거룩한 삶을 위해 어떠한 삶의 자세가 요청되는지를 잘 보여준다.

"너는 고운 가루를 취하여 떡 열둘을 굽되 매 덩이를 에바 십분 이로 하여"

"여호와 앞 순결한 상 위에 두 줄로 한 줄에 여섯씩 진설하고"

"너는 또 정결한 유향을 그 매 줄 위에 두어 기념물로 여호와께 화제를 삼을 것이며"

"항상 매 안식일에 이 떡을 여호와 앞에 진설할지니 이는 이스라엘 자손을 위한 것이요 영원한 언약이니라"

"이 떡은 아론과 그 자손에게 돌리고 그들은 그것을 거룩한 곳에서 먹을지니 이는 여호와의 화제 중 그에게 돌리는 것으로서 지극히 거룩함이니라 이는 영원한 화제니라" 레 24:5~9

제사장의 직무

제사장은 마당, 성소, 지성소라는 세 개의 분할된 구역을 가진 언약의 구조물인 성막을 관리하는 사람이다. 성막의 모든 일이 다 중요했으나 가장 중요한 일은 떡상을 관리하는 일이었다.

"항상 매 안식일에 이 떡을 여호와 앞에 진설할지니 이는 이스라엘 자손을 위한 것이요 영원한 언약이니라" (레 24:8)

떡상 위에 차려지는 진설병은 이스라엘의 영원한 언약이었다. 진설병은 시간과 정성이 가장 많이 드는 일이다. 제사장은 진설병을 관리함으로써 이스라엘 백성들에게 언약의 법을 실천하게 하는 중대한 책임이 있었다.

한 가지 의문을 가질 수 있다. 제사장들은 성막에서의 진설병을 관리하는 일로써 어떻게 이스라엘 민족에게 언약을 지키도록 할 수 있었는가? 라는 것이다. 이러한 의문은 제사장이었던 모세가 가르쳤던 사역에서 쉽게 이해된다. 모세는 성막을 섬기는 일에서 그친 것이 아니었다. 성막에서의 섬김을 가르치는 사역으로 이어갔다. 진설병에 주어진 규례를 백성들에게 가르침으로 이스라엘 민족으로 언약을 지키게 했던 것이다.

모세의 사역은 후일 제자들에게 언약 곧, 율법의 말씀을 풀어 깨닫게 해 주셨던 예수님의 사역으로 이어진다. 예수님의 사역이 가르침에 집중되었던 것은 바로 그런 이유에서다.

진설병은 이스라엘의 영원한 언약이었다. 이스라엘 민족의 운명은 진설병을 관리하는 제사장의 역량에 달려 있다 해도 과언이 아니었다.

그러므로 제사장의 참된 역량은 단순히 진설병을 관리하는 것이라기보다 진설병에 담겨있는 언약의 법을 제대로 가르칠 수 있는가의 능력에 달려 있다.

또한 세상의 구원이 이스라엘 민족에게 주어진 사명이었기에 언약의 법을 가르치는 제사장의 역량은 세상의 운명에도 영향을 미친다.

하나님의 특별한 인도하심으로 이스라엘 민족은 가나안 땅에 나라를 세웠다. 그러나 외세의 침입으로 나라는 무너졌고 민족은 이방의 세계로 뿔뿔이 흩어지게 되었다. 이 모든 비극은 이스라엘의 영원한 언약을 책임졌던 제사장들의 가르침에 대한 역량의 부족에서 비롯된 것이다.

성막의 일로 설명하면 죄를 속하는 번제단의 사역을 진설병의 사역으로 승화시키지 못한 것이었다. 이 같은 제사장의 역량 부족은 오늘날 성찬의 의식에서도 여전히 반복되어 나타난다. 포도주를 마시게 하심은 이스라엘의 영원한 언약인 떡을 올바로 먹도록 하기 위함이었다.

밥상을 앞에 두고 눈물을 흘리는 것은 이상한 일이다. 성찬의 예식에 참여할 때 흔히 일어나는 일들 중 하나는 눈물로써 성찬의 언약적 의미를 가리는 것이다. 이로 인해 교회는 하나님의 영광을 경험치 못하고 점점 쇠약해져 간다.

제사장은 영원한 언약인 진설병을 관리하는 직무를 맡은 자로 거룩한 성막의 주방장과 같은 사람이었다. 모세는 이스라엘의 제1대 거룩한 주방장이었던 셈이다.

"이스라엘 족속이 그 이름을 만나라 하였으며 깟씨 같고도 희고 맛은 꿀 섞은 과자 같았더라" 출 16:31

"이스라엘 자손이 사람 사는 땅에 이르기까지 사십 년 동안 만나를 먹되 곧 가나안 지경에 이르기까지 그들이 만나를 먹었더라"

출 16:36

만나의 단맛

만나를 먹은 이스라엘 백성들은 그 맛을 꿀 섞은 과자처럼 느꼈다. 갓 지은 밥에서 우러나는 정도의 단맛이었을 것으로 추측할 수 있는데 요즘의 과자처럼 자극적인 단맛은 아니었을 것이다.

하나님께서 이러한 양식을 이스라엘 백성들에게 먹이신 것은 거룩한 삶이라는 분명한 목적 때문이었다. '음식의 맛과 거룩한 삶이 무슨 관련이 있는가?' 라고 생각할 수 있다. 그러나 깊은 관련이 있다. 세상의 다양한 조미료로 만들어진 자극적인 맛과 구별되는 광야에서의 만나가 주는 단맛은 소박한 밥상을 의미한다.

혀는 관리하기 어려운 심히 위험한 육체의 기관 중에 하나다. 철저히 통제되지 않으면 몸과 영혼을 더럽히며 생의 바퀴를 불사르는 독한 말을 쏟아낸다. (약 3:6)

혀가 철저하게 통제되어야 하는 것은 말의 위험성 때문 만이 아니다. 혀는 자극적인 음식 맛에도 쉽게 길들여진다.

산해진미의 화려한 맛을 찾는 혀의 요청을 따르게 되면 단순한 음식의 맛에는 흥미를 잃게 된다. 이는 소박하다 못해 초라하기까지 한 서민들의 밥상을 생각할 줄 모르는 냉정한 사람들로 바꾸어 놓는다. 즉, 언약과 멀어지는 불행한 운명의 사람들이 될 수 있다.

'무엇을 먹는가'의 물리적 생활은 거룩한 영적인 삶에 영향을 미친다. 만나의 소박한 밥상이 이스라엘 백성들에게 주어진 것은 낮은 곳에 처한 이들을 생각하며 살기를 바라시는 하나님 아버지의 마음이셨다. 언약을 지키며 살아가는 백성으로서의 거룩한 삶이란 함께 더불어 사는 삶을 추구하는 것을 의미한다.

"여호와께서 모세와 아론에게 고하여 그들에게 이르시되"

"이스라엘 자손에게 고하여 이르라 육지 모든 짐승 중 너희의 먹을 만한 생물은 이러하니"

"짐승 중 무릇 굽이 갈라져 쪽발이 되고 새김질하는 것은 너희가 먹되" 레 11:1~3

"돼지는 굽이 갈라져 쪽발이로되 새김질을 못 하므로 너희에게 부정하니"

"너희는 이 고기를 먹지 말고 그 주검도 만지지 말라 이것들은 너희에게 부정하니라" 레 11:7,8

레위기의 음식 규례

레위기 11 장의 음식 규례는 먹거리에 관한 금지와 허락의 엄격한 구분을 명하고 있다. 그런 점에서 선악을 알게 하는 나무로 맺은 첫 언약의 법과 다르지 않다. 즉, 음식 규례 역시 언약의 법이다. 금지된 실과를 통해 아담에게 언약을 지키게 하셨던 하나님은 성막의 법과 각종 동물들을 구분하여 먹는 음식에 관한 규례를 주심으로 이스라엘 백성들에게 언약을 지키며 살게 하셨다.

음식 규례를 통해 주어진 언약의 법을 올바로 이해하기 위해서는 먼저 세 가지 사실을 명확히 해두어야 한다.

'부정한 동물은 있는가' '언약은 무엇을 위한 약속인가' '언약은 어떤 방식으로 주어졌는가' 라는 것이다. 첫번째, '부정한 동물은 있는가'이다. 대답은 '없다'는 것이다. 모든 짐승들은 하나님의 거룩하신 손으로 만드신 작품이다. 그럼에도 부정한 동물에 관한 규례가 주어진 것은 하나님의 백성들에게 정결과 부정에 대한 언약적 교훈을 짐승을 통해 깨닫도록 하기 위함이었다.

두 번째, '언약은 무엇을 위한 약속인가'는 언약을 체결한 목적에 관한 질문이다. 언약이 주어진 것은 참된 복과 생명의 길을 명확히 알려주기 위함이었다. 아담과 맺은 첫 언약의 사건에서 보듯이 언약의 나무와 생명나무는 항상 함께 있었다. 언약의 나무가 바로 생명나무였다. 언약을 맺으신 목적은 생명에 있었다는 것이다.

세 번째, '언약은 어떤 방식으로 주어졌는가' 이다. 이는 생명의 길이 주어진 방식에 관한 것이다. 이 질문에 답하기 위해서는 아담 언약, 모세 언약, 예수의 소금 언약으로 이어지는 언약이 갱신된 역사의 특성을 살펴야 한다.

아담 언약은 선악을 알게 하는 언약의 나무로 생명나무를 가렸다. 모세의 언약은 이스라엘의 영원한 언약이었던 진설병을 해달의 가죽으로 덮은 채 성막 속에 두었으며, 또한 새김질, 쪽발, 비늘의 유무와 같은 짐승들의 생물학적 특성을 부정과 정결을 구분하는 규례로 주심으로 부정과 정결의 온전한 의미를 쉽게 이해하기 어려웠다.

마지막 예수의 소금 언약은 예수의 초라한 외모로 인해 예수 안에 있는 영원한 생명이 당시의 사람들에게는 가리워진 바 되었다. 이처럼 언약의 법은 모양새를 달리하며 감추인 방식으로 주어졌다.

제시된 세 가지 질문에 대한 이해는 음식의 규례를 언약적 시각으로 볼 수 있는 안목을 갖는데 도움을 준다. 특히 돼지는 음식 규례로 주어진 언약의 법을 이해하는 데 있어서 좋은 사례다.

돼지는 소처럼 굽이 갈라졌으므로 정결한 짐승이 될 가능성이 있었다. 그러나 새김질을 못함으로 부정한 짐승이 되었다. 새김질을 못하는 생물학적 특성으로 말하자면 사람도 마찬가지다. 새김질의 유무가 부정함의 근거가 될 만한 이유가 전혀 없음에도 불구하고 부정함의 판별 기준이 되었다. 이는 생명의 길을 감추인 방식으로 주신 하나님의 의도 때문이었다.

　돼지는 혼자만 먹으려는 습성이 있다. 흔히 혼자 먹으려고 할 때 '돼지같다'는 말을 하는데 하나님은 이런 사람들을 부정하게 여긴다. 돼지가 부정한 동물로 취급된 것은 이러한 교훈을 자기 백성들로 깨닫게 하기 위함이었다.

"이에 여호수아가 백성의 유사들에게 명하여 가로되"

"진중에 두루 다니며 백성에게 명하여 이르기를 양식을 예비하라 삼일 안에 너희가 이 요단을 건너 너희 하나님 여호와께서 너희에게 주사 얻게 하시는 땅을 얻기 위하여 들어갈 것임이니라 하라"

수 1:10,11

양식을 예비하라

여리고성 거민과의 전투를 앞둔 시점에 여호수아는 이스라엘 백성들에게 양식을 예비하라는 명령을 내렸다. 전쟁을 앞둔 상황에서 칼과 창 같은 무기가 아닌 양식에 대한 점검이 주어졌다는 점은 특이하다. 전쟁을 앞둔 긴박한 시점에서 양식에 대한 여호수아의 명령이 주어진 것은 언약의 백성이라는 특별함에서 비롯된 것이었다.

이스라엘 민족은 어떠한 상황에서도 언약을 지켜야 하는 의무를 가진 민족이었다. 특히 전쟁은 이스라엘 민족의 운명이 결정된다는 점에서 그 어느 순간보다 언약의 성격은 더욱 뚜렷이 드러나야 했다.

언약의 백성임을 가장 확실히 보여주는 것은 거룩한 밥상의 문화다. 양식을 예비하라는 여호수아의 명령은 단순히 전투식량을 마련해 두라는 의미가 아니었다. 민족의 운명이 걸린 전쟁을 앞에 두었으니 광야 40년 동안 만나를 먹음으로써 지켜왔던 거룩한 언약 공동체의 삶의 모습을 깨뜨리지 말라는 의미였다.

전쟁을 치러야 할 긴박한 시점에 양식에 대한 여호수아의 명령은 이스라엘 민족이 지켜야 했던 언약적 삶의 모습을 재확인시켜 준 명령이었다.

팽팽한 줄다리기 경기에서 승패를 결정짓게 하는 것은 참가자들의 단합된 행동이다. 한 사람의 넘어짐은 곧바로 승패에 영향을 끼친다. 여호수아로부터 양식에 대한 명령이 주어진 것은 언약을 지키는 이스라엘 백성들의 일치단결된 삶의 모습에서 전쟁의 승리가 보장된다는 사실을 심어주기 위함이었다. 오합지졸의 대군보다 일치단결된 소수의 정예부대가 더 강할 수 있다.

언약을 지킬 때 이스라엘 민족은 그 어떤 민족도 능히 이길 수 있는 무적의 군대가 된다. 그러나 언약을 저버리면 작은 아이성 거민들 앞에서도 무력해지는 것이 이스라엘 민족이었다.

'양식을 예비하라'는 여호수아의 명령은 약속의 땅을 취할 수 있는 하늘로부터 주어진 승리가 보장된 작전명령이었다. 여호수아의 명령은 예수 그리스도의 군대인 교회가 치러야 할 사단과의 거대한 영적 전쟁에서 어떠한 모습을 갖추어야 승리하게 되는가를 선명히 전하고 있다.

"여호와께서 여호수아에게 이르시되 보라 내가 여리고와 그 왕과 용사들을 네 손에 붙였으니"
"너희 모든 군사는 성을 둘러 성 주위를 매일 한 번씩 돌되 엿새 동안을 그리하라" 수 6:2,3
"이에 백성은 외치고 제사장들은 나팔을 불매 백성이 나팔 소리를 듣는 동시에 크게 소리 질러 외치니 성벽이 무너져 내린지라"
수 6:20

여리고 성 돌기

　여리고 성 거민과의 전쟁은 이스라엘 민족의 전쟁사에 길이 남을 기념비적 사건이었다. 믿음으로 이루어낸 승리였다는 것과, 이후에 이어지는 모든 믿음의 전쟁에서 승리하는 비결을 교훈해 주고 있다.

　열악한 군사력에도 불구하고 이스라엘 민족이 승리했던 비결은 싸움의 방식에 있었다. '여리고 성 돌기' 이것이 여리고 성 전투에서 이스라엘 군대가 취한 작전이었다. 승리를 위해 취한 작전으로 보기에는 너무 미련하였다. 세상의 어떤 군대도 적에게 작전을 공개하지 않기 때문이다. 그런데 격전의 순간을 앞에 두었던 이스라엘 민족은 여리고 성의 군대 앞에서 '우리는 이렇게 싸운다'는 식으로 이스라엘이 가진 모든 전력과 전술을 적에게 낱낱이 공개했던 것이다. 심히 어리석게 보였으나 결국 승리는 이스라엘 민족의 것이었다.

　전쟁을 승리로 이끌었던 '여리고 성 돌기' 작전에는 '보여주라'는 중요한 메시지가 들어있다. 여리고 성 주위를 돌았던 칠 일간의 시간은 성에 거주하던 백성들에게 어느 민족에서도 발견될 수 없는 이스라엘 민족의 독특한 삶을 낱낱이 들여다 볼 수 있는 기회를 제공한 것이다. 즉, 반드시 회복해야 할 인간 본연의 삶인 언약의 법을 지키는 거룩한 삶을 간접적으로 경험하게 하였다.

하나님은 칼과 창으로 싸우시는 분이 아니다. 언약이라는 거룩한 법으로 싸우신다. 이는 언약을 지키며 살아가는 자기 백성들의 거룩한 삶의 모습을 세상 사람들에게 보여주는 방식으로 싸우신다는 것이다.

성을 돌게 하였던 것은 성 위의 여리고 백성들에게 언약을 지키는 이스라엘 민족의 특별한 삶을 보여주기 위함이었다.

여리고 성을 도는 칠일 간의 시간이 흐르자 견고했던 여리고 성은 이스라엘의 군대 앞에서 순식간에 무너졌다. 언약을 지키는 거룩한 삶에 들어있는 능력이 이를 가능하게 하였다.

가나안 땅에 자리 잡았던 여리고 성은 오랜 세월 동안 사단의 법이 지배하는 어둠의 나라를 대표하는 성이었다. 사단의 법이 통치하는 어둠의 나라를 무너뜨리기 위해 세워진 작전이 '여리고 성 돌기'였다.

여리고 성을 돌며 이스라엘 민족이 치렀던 전쟁은 이제 예수 그리스도의 몸된 교회로 이양되었다. 교회는 세상을 어지럽히는 대적과 맞서 힘써 싸워야 한다.

"우리의 씨름은 혈과 육에 대한 것이 아니요 정사와 권세와 이 어둠의 세상 주관자들과 하늘에 있는 악의 영들에게 대함이라" (엡 6:12)

정사와 권세, 어둠의 세상 주관자들 그리고 하늘의 악령들은 교회가 맞서 싸워야 할 대적들이며 그들의 사령관은 사단이다. 이들은 사람의 힘으로 이길 수 있는 상대가 아니다. 교회가 승리를 위해 취해야 할 전술은 정해져 있다. '여리고 성 돌기' 다.

사단은 자신의 사악한 머리에서 나온 법을 통해 언약과 상반된 세계를 땅 위에 건설해 왔다. 그 결과물은 물질만능에 사로잡힌 오늘날의 거대한 세계다.

사단이 세워놓은 어둠의 세계를 무너뜨릴 수 있는 이들은 누구이며 그 방법은 무엇인가? 음부의 권세가 이기지 못하는 교회와 교회에 주어진 언약이 유일한 대안이다.

여리고 성을 돌았던 이스라엘 백성들처럼 교회는 언약을 지키는 거룩한 삶을 세상에 낱낱이 보여주어야 한다. 그래서 언약을 지키며 살아가는 교회 공동체의 삶이 최고의 복된 길이라는 것을 보여주어야 한다.

교회를 통해 더불어 살아가는 거룩한 문화를 세우는 것, 이것이 예수께서 다시 오시는 그날까지 세상을 구원하기 위해 교회가 취해야 할 유일한 싸움의 방식인 것이다.

"이에 백성은 외치고 제사장들은 나팔을 불매 백성이 나팔 소리를 듣는 동시에 크게 소리 질러 외치니 성벽이 무너져 내린지라" 수 6:20

여리고 성의 무너짐

40년 광야의 삶을 마무리하고 요단강을 건넜던 이스라엘 백성들은 꿈에도 그리던 약속의 땅에 발을 딛게 된다. 마침내 언약의 법이 통치하는 거룩한 나라를 세울 수 있는 기회가 주어졌다.

그들에게 주어진 기회를 기업이 되도록 하기 위해서는 가나안 땅의 진입을 가로막는 여리고 성을 무너뜨려야만 했다. 살육이 따르는 전쟁을 치러야 했던 것이다.

이러한 상황을 생각하면 의문이 들 수도 있다. '하나님께서 전쟁을 용인하시는가?' 라는 것이다. 그러나 여리고 성을 무너뜨려야만 했던 이유를 알게 되면 의문이 풀릴 것이다.

이스라엘 민족이 치렀던 전쟁은 여리고 성에 거했던 사람들과의 전쟁이었다. 당시의 여리고 성은 왕을 비롯한 지배계층들의 삶의 본거지였다. 동시에 세상의 자원을 장악한 채 부패한 삶의 문화가 고스란히 쌓여있는 현장이기도 했다.

고대에 유일한 자원은 땅이었으며 땅은 왕과 지배계층의 소유물이었다. 그 결과 대다수의 백성들은 지배계층의 부패한 삶을 위해 노동력을 착취당하며 가난과 굶주림의 고통 속에서 살아야 했다. 어느 시대나 힘 있는 자들의 탐욕이 땅을 지배하게 되면 백성들은 고단한 삶을 경험하게 된다. 이것이 이스라엘 백성들에게 전쟁이 허락된 이유였다.

어둠과 빛이 함께 할 수 없는 것처럼 언약으로 다스려지는 하나님의 나라와 탐욕이 지배하는 사단의 나라는 함께 공존할 수가 없다. 즉, 탐욕으로 백성들의 삶을 핍절하게 만들었던 지배계층의 근거지였던 여리고 성은 반드시 무너져야 했다.

이스라엘 민족에 의해 무너진 여리고 성은 오늘날로 말하자면 함께 살아가는 사회적 정의를 외면하고 자신의 배만 불리려는 기득권 세력의 해체를 의미한다. 그것이 권력이든 자본이든 무엇이 되었든지 더불어 살아가는 사회의 공익에 걸림돌이 된다면 여리고 성과 같이 반드시 무너져야 하는 것이다.

땅의 주인 되신 하나님께서 젖과 꿀이 흐르는 복된 나라를 건설하기 위해 이스라엘 민족의 손에 여리고 성을 붙이셨다. 그들의 힘이 존재하는 한 정의가 강같이 흘러가는 복된 사회는 결코 실현될 수가 없다. 그런 점에서 탐욕스러운 기득권 집단을 해체하는 것은 사회 정의를 위한 하나님의 거룩한 일이다.

출애굽의 목적은 언약적 삶이 구현되는 나라를 세우는 것이다. 이러한 목적을 성취하기 위해서는 가나안 민족과의 전쟁은 피할 수 없는 운명이었다. 이스라엘 민족이 직면했던 여리고 성 거민과의 전쟁은 방법을 달리하며 오늘을 살아가는 그리스도인들에게도 동일하게 주어진다.

"아간이 여호수아에게 대답하여 가로되 참으로 나는 이스라엘 하나님 여호와께 범죄 하여 여차여차히 행하였나이다" 수 7:20

"여호수아가 가로되 네가 어찌하여 우리를 괴롭게 하였느뇨 여호와께서 오늘날 너를 괴롭게 하시리라 하니 온 이스라엘이 그를 돌로 치고 그것들도 돌로 치고 불사르고"

"그 위에 돌무더기를 크게 쌓았더니 오늘날까지 있더라 여호와께서 그 극렬한 분노를 그치시니 그러므로 그곳 이름을 오늘날까지 아골 골짜기라 부르더라" 수 7:25,26

아간의 죄

요단강을 건넌 이스라엘이 철옹성같이 견고했던 여리고 성을 무너뜨렸다. 반면 거칠 것 없어 보였던 이스라엘 군대가 아이성 전투에서는 패하고 만다. 원인은 이스라엘 군대 내부에서 일어난 한 사람의 부정한 행위로 인한 것이었다.

"이스라엘이 범죄 하여 내가 그들에게 명한 나의 언약을 어기었나니 곧 그들이 바친 물건을 취하고 도적하고 사기하여 자기 기구 가운데 두었느니라" (수 7:11)

아간은 하나님께 드려진 전리품의 일부를 자신의 집에 몰래 감추어 놓음으로 언약의 법을 어긴 것이다.

아간의 범죄가 이스라엘 민족의 운명을 순식간에 흔들어 놓았다는 점에서 아이성 전투의 패배는 여리고 전투에서의 승리 못지않은 중요한 교훈을 준다. 아이성 전투의 패배는 이스라엘 군대의 승리가 무엇을 통해 오게 되는가를 분명히 깨닫게 해 준다.

아간 한 사람의 부정행위가 이스라엘 민족 전체의 운명을 위태롭게 한 것 같이 한 사람의 부정은 나라도 얼마든지 무너지게 할 수 있다. 한 사람의 탐욕이 전체 국민들의 마음에 탐욕을 불러일으킬 수 있기 때문이다.

부정이 용납되지 않는 새 언약으로 세워진 교회는 아간 같은 범죄에 더욱 민감하다. 이같은 범죄는 세상을 변화시키는 교회의 참된 능력을 사라지게 하며 온기 없는 차가운 건물만 남게 만든다.

이기적인 행위로 재물을 쌓는 아간 같은 행위는 스스로 자신의 무덤을 만드는 위험한 일이며, 동시에 하나님 나라인 거룩한 교회 공동체를 무너지게 하는 중대한 범죄에 해당되는 것이다.

"만일 여호와를 섬기는 것이 너희에게 좋지 않게 보이거든 너희 열조가 강 저편에서 섬기던 신이든지 혹 너희의 거하는 땅 아모리 사람의 신이든지 너희 섬길 자를 오늘날 택하라 오직 나와 내 집은 여호와를 섬기겠노라" 수 24:15

여호와만 섬기러나

애굽 땅 이주민으로 살았던 400여 년의 삶과 이어지는 광야 40년의 생활 그리고 가나안 정복까지 약 500년에 걸쳐 성취된 이스라엘 민족 국가의 탄생은 세상을 구원하시려는 하나님의 선하신 계획으로 말미암아 성취된 일이다.

이스라엘이란 나라는 세상 모든 민족의 운명과 결부된 중요한 나라였다. 이스라엘이 살면 세상이 살고, 이스라엘이 망하면 세상 모든 나라가 소망이 없어지게 된다. 세상 나라의 흥망성쇠가 이스라엘과 관련되어 있었다. 그래서 이스라엘 민족은 나라가 탄생된 목적에서 절대로 이탈되어서는 안 되는 중요한 나라였다. 그러나 지나온 역사가 보여주듯 이스라엘은 나라가 세워진 목적을 제대로 감당하지 못했다.

이스라엘 국가가 세워졌던 본연의 목적을 여호수아는 "…오직 나와 내 집은 여호와를 섬기겠노라" (수 24:15) 고 전하였다. 하지만 여호수아의 시대에 이미 이스라엘은 여호와만 섬겨야 했던 본분에서 떠나 다른 이방의 신들을 따르는 범죄를 저질렀다. 여호와를 섬긴다는 것은 하나님과 맺은 언약을 굳게 지키며 산다는 것을 의미한다.

언약을 지키는 것의 핵심은 먹고 살아가는 일에 있어서의 거룩함을 지키는 것이다. 여호수아의 시대에 이미 이스라엘은 언약적 삶에서 떠나 이방의 이기적인 문화에 젖어들고 말았다. 금지된 선악의 열매를 취하는 것 같이 언약적 삶을 외면한 어리석은 민족이 되어버린 것이다.

먹고 살아가는 일을 구별하는 것은 결코 작은 일이 아니다. 세상의 운명을 좌우하는 일이다. 사람이 할 수 있는 일 중에 가장 크고 중요하며 거룩한 일이다. 그러나 이 일만큼 부주의하게 행해지는 일도 없다.

올바로 먹고 살아가는 일에 있어 부주의함은 오늘 이 시대를 무너지게 하는 주된 원인이 되고 있다. 오직 여호와만 섬기려 했던 여호수아의 신앙고백을 귀담아 들어야 할 것이다.

"미련한 계집이 떠들며 어리석어서 아무것도 알지 못하고"

"자기 집 문에 앉으며 성읍 높은 곳에 있는 자리에 앉아서"

"자기 길을 바로 가는 행객을 불러 이르되"

"무릇 어리석은 자는 이리로 돌이키라 또 지혜 없는 자에게 이르기를"

"도적질 한 물이 달고 몰래 먹는 떡이 맛이 있다 하는도다"

"오직 그 어리석은 자는 죽은 자가 그의 곳에 있는 것과 그의 객들이 음부 깊은 곳에 있는 것을 알지 못하느니라" 잠 9:13~18

몰래 먹는 떡

잠언에 "도적질 한 물이 달고 몰래 먹는 떡이 맛이 있다 하는도다" (잠 9:17) 라는 말씀이 있다. 몰래 먹는 떡이 맛있게 느껴지는 것은 체질이 죄와 연합된 사람에게서 나타나는 현상으로 언약의 법을 떠난 사람들이 느낄 수 있는 맛일 것이다.

거듭난 하나님의 사람들의 입에는 몰래 먹는 떡은 결코 맛이 있을 수가 없다. 출처가 분명치 않은 부정한 떡은 뱃속에 들어가는 즉시 탈이 날 것을 알기 때문이다.

부정한 떡을 삼킨 후에 일어날 두려운 결과를 깨닫지 못함으로 많은 사람들은 언약이 거부하는 부정한 떡을 먹는 일에 마음이 담대해진다.

짐승을 살찌우는 것은 그 고기를 얻기 위해서다. 부정한 양식을 먹는 것은 지옥의 형벌을 받고자 자신을 살찌우는 것과 다를 바 없다. 진리는 멀리서 구할 것이 아니다. 우리들의 삶 가까이에 있다. 생애 마지막 날 자신의 운명을 결정짓는 중대한 일은 매일의 먹는 밥상을 통해 이루어진다.

죄인들은 몰래 먹는 떡을 좋아하나 거듭난 하나님의 사람들은 부정한 떡 먹기를 꺼리며 멀리한다. 언약의 법도를 지킨 밥상 만이 거룩하게 되는 길임을 잘 알기 때문이다.

"또 왕이 지정하여 자기의 진미와 자기의 마시는 포도주에서 그들의 날마다 쓸 것을 주어 삼 년을 기르게 하였으니 이는 그 후에 그들로 왕의 앞에 모셔 서게 하려 함이었더라" 단 1:5

"다니엘은 뜻을 정하여 왕의 진미와 그의 마시는 포도주로 자기를 더럽히지 않게 하기를 환관장에게 구하니" 단 1:8

다니엘의 음식 시험

하나님께서 선악을 알게 하는 나무의 실과에 대해 엄히 명하신 것처럼, 느부갓네살 왕은 자신이 정한 음식으로 엄한 명령을 내렸다.

"또 왕이 지정하여 자기의 진미와 자기의 마시는 포도주에서 그들의 날마다 쓸 것을 주어 삼 년을 기르게 하였으니" (단 1:5)

사단은 철저하게 하나님의 일을 흉내 내어 자신의 일을 도모하는 사악한 존재다. 다니엘과 세 친구에게 주어졌던 느부갓네살 왕의 음식에 대한 명령은 하나님의 나라를 세우기 위해 먹는 일을 철저히 구별하게 했던 언약의 법을 흉내 낸 일이라 할 수 있다.

제국을 통치하는 왕의 명령을 거역하는 일은 죽음을 자초하는 것과 다름이 없었다. 그러나 다니엘과 세 친구는 음식에 주어진 왕의 명령을 거부하였다. 왕의 진미가 자신들을 더럽힌다는 사실을 알았기 때문이다.

"다니엘은 뜻을 정하여 왕의 진미와 그의 마시는 포도주로 자기를 더럽히지 아니하리라 하고" (단 1:8)

다니엘의 고백은 '음식이 사람을 더럽힐 수 있는가?' 라는 의문이 들게 한다.

그러나 왕을 비롯해 바벨론 궁에 거하는 이들의 화려한 삶을 위해 준비된 산해진미의 출처를 살펴보면 이해가 된다. 자신들에게 제공되었던 왕의 진미는 백성들의 고달픈 삶을 통해 차려진 음식이었다.

다니엘과 세 친구의 목숨 건 단호한 결단은 이스라엘 민족을 멸망하게 만든 이유와도 깊은 관련이 있다. 하나님의 약속으로 말미암았던 가나안 땅에서 이스라엘 민족 국가의 탄생은 만나를 먹었던 광야의 삶이 있었기에 가능한 일이었다. 만나는 먹는 것의 차이를 사라지게 함으로써 이스라엘 백성들을 세상 가운데서 거룩한 공동체로 만들었다. 이처럼 거룩한 삶의 힘은 약속의 땅을 정복하고 마침내 이스라엘 민족 국가를 탄생시켰던 원동력이었다.

하지만 약속의 땅에 나라를 세웠던 이스라엘 민족은 언약을 따르는 거룩한 삶을 지켜내지 못함으로 침략 전쟁에 시달리며 결국 망하게 되었다. 그 배후에는 이방 제국 왕들의 산해진미가 무색할 정도의 화려한 왕궁의 음식 문화가 있었는데 그 대표적인 인물이 솔로몬 왕이었다.

이방의 포로가 된 다니엘과 세 친구의 음식과 관련된 목숨 건 시험은 이스라엘이 저버렸던 언약적 삶에 대한 철저한 회개의 몸부림이었던 것이다.

느부갓네살 왕의 명령으로 주어진 음식을 둘러싸고 목숨을 위협하는 팽팽한 긴장이 있었다. 이러한 긴장은 언약을 지키려는 하나님의 백성과 언약을 무너지게 하려는 사단과의 싸움으로 생겨난 일이다. 다니엘과 세 친구의 목숨을 건 음식 시험은 사단의 계략에 맞서 언약을 지키려 했던 그들 만의 거룩한 싸움의 방식이었다.

"하나님이 이 모든 말씀으로 일러 가라사대 나는 너를 애굽 땅, 종 되었던 집에서 인도하여 낸 너의 하나님 여호와로라"

"제일은, 너는 나 외에는 다른 신들을 네게 있게 말지니라"

"…"

"네 이웃에 대하여 거짓 증거하지 말지니라"

"제십은, 네 이웃의 집을 탐내지 말지니라 네 이웃의 아내나 그의 남종이나 그의 여종이나 그의 소나 그의 나귀나 무릇 네 이웃의 소유를 탐내지 말지니라" 출 20:1~17

십계명

선악을 알게 하는 한 그루의 나무로 주어졌던 언약의 법은 모세의 시대에 이르자 열 가지의 명령으로 확장되어 수어졌다. 이는 언약의 파기로 생겨난 결과인데 죄에 물든 인간의 삶이 어떠한 방향으로 전개되었는지를 보여준다. 바꾸어 말하면 하나님이 주시는 참된 복과 생명을 얻게 하는 언약적 삶이 어떠한 것인지를 구체적으로 알려준다.

십계명의 가르침을 구체적으로 배우는 것은 새 언약의 가르침을 따라 살아가려는 오늘날의 그리스도인들에게 큰 유익을 안겨줄 것이다.

십계명은 언약의 법을 세분화한 것이기에 먹고 사는 것에 관한 법이라는 점은 분명하다. 따라서 십계명을 읽을 때 한 가지의 내용을 덧붙여 읽어보면 그 뜻이 더욱 명확해질 것이다.

- 십 계 명 -

제일은, 너는 나 외에는 다른 신들을 네게 있게 말며 먹고 살아라.

제이는, 너를 위하여 새긴 우상을 만들지 말고, 또 위로 하늘에 있는 것이나, 아래로 땅에 있는 것이나, 땅 아래 물속에 있는 것의 아무 형상이든지 만들지 말며, 그것들에게 절하지 말며, 그것들을 섬기지 말며 먹고 살아라.

제삼은, 너는 너의 하나님 여호와의 이름을 망령되이 일컫지 말며 먹고 살아라.

제사는, 안식일을 기억하여 거룩히 지키며 먹고 살아라.

제오는, 네 부모를 공경하며 먹고 살아라.

제육은, 살인하지 말며 먹고 살아라.

제칠은, 간음하지 말며 먹고 살아라.

제팔은, 도적질하지 말며 먹고 살아라.

제구는, 네 이웃에 대하여 거짓 증거하지 말며 먹고 살아라.

제십은, 네 이웃의 집을 탐내지 말며 먹고 살아라.

제3부 그리스도인의 거룩한 음식문화

–예수님은 제자들에게 '이렇게 먹으라' 가르쳤다.

"그러나 이제 그가 더 아름다운 직분을 얻으셨으니 이는 더 좋은 약속으로 세우신 더 좋은 언약의 중보시라" 힙 8:6

"이를 인하여 그는 새 언약의 중보니 이는 첫 언약 때에 범한 죄를 속하려고 죽으사 부르심을 입은 자로 하여금 영원한 기업의 약속을 얻게 하려 하심이니라" 힙 9:15

언약의 실과, 예수 🌿

선악을 알게 하는 나무로 맺었던 첫 언약이 무너진 이후, 다시 언약을 맺는 사건에 큰 변화가 일어났다. 언약을 맺기 위해 먼저 죄의 문제가 해결되어야 했다. 성경이 죄사함의 사건을 중요하게 다루는 이유다. 하지만 죄사함은 언약을 지키는 삶을 위해 하나님께서 베푸시는 전 단계의 은혜라는 것을 유념해야 한다. 그렇지 않으면 죄사함의 은혜에 안주하여 하나님의 백성에게 주어진 사명 곧, 언약을 지킴으로 이루어 내야 하는 거룩한 삶에 대한 본분을 망각하기 쉽다.

첫 언약이 깨어진 이후의 언약들은 죄사함의 사건을 통해 다시 세워졌다. 모세 언약은 짐승의 피로, 마지막 새 언약은 예수의 피로 죄의 문제를 해결함으로써 세워졌다.

첫 언약에 없던 죄사함이 새 언약에 추가되었지만, 아담 언약과 예수의 새 언약에는 공통점이 있다. 두 언약 모두 나무와 관련된 점이다. 첫 언약이 나무에 달린 실과로 주어졌던 것처럼 새 언약의 구주되신 예수님이 십자가의 나무에 달리신 것이다.

새 언약의 구주가 되기 위해 십자가에 달리신 예수님은 믿는 이들에게 첫 언약의 실과처럼 주어졌다. 이는 첫 언약의 엄격한 준수가 새 언약에도 여전히 유효하다는 것을 보여준다.

"예수께서 세례를 받으시고 곧 물에서 올라오실쌔 하늘이 열리고 하나님의 성령이 비둘기 같이 내려 자기 위에 임하심을 보시더니" 마 3:16

"그 때에 예수께서 성령에게 이끌리어 마귀에게 시험을 받으러 광야로 가사"

"사십 일을 밤낮으로 금식하신 후에 주리신지라"

"시험하는 자가 예수께 나아와서 가로되 네가 만일 하나님의 아들이어든 명하여 이 돌들이 떡 덩이가 되게 하라" 마 4:1~3

돌이 떡이 되게 하라 🌿

예수께서 세례를 받으시고 물에서 올라오시자 하늘이 열리고 성령이 비둘기 같이 임하였다. (마 3:16) 이 사건은 하나님 나라의 재건이 예수님에 의해 다시 시작되었음과 동시에 마귀와의 전쟁이 시작되었음을 알리는 신호탄이었다.

성령이 임하시자 예수님은 곧 금식하시고 마귀의 시험을 받으셨다. 예수께서 받으셨던 마귀의 시험은 하나님 나라의 재건에 있어 피할 수 없는 중요한 일이었다. 마귀의 시험에 맞서는 일은 땅에 대한 소유권과 관련되어 있다.

땅은 원래 하나님의 것으로 사람에게 주어진 것이다. 그러나 첫 사람 아담이 마귀의 시험에서 패하자 인간에게 주어졌던 땅은 마귀의 손에 넘어가게 된다. (눅 4:6) 물론 하나님께서 마귀에게 땅을 주신 적이 없었기에 땅을 점령한 마귀의 행위는 여전히 불법이다.

타인의 땅에 집을 지을 수는 없기에 땅의 소유권은 대단히 중요하다. 예수께서 마귀의 시험에 응한 사건은 불법으로 땅을 점유한 마귀의 손에서 땅을 다시 사람에게로 되돌리는 작업이었다.

마귀의 시험은 혹독했으나 예수께서 모든 시험을 이기고 승리하셨다. 그로 인해 땅을 지배했던 마귀의 권세는 예수 이름의 권세 앞에서 언제든지 무너지는 역사가 일어날 수 있게 되었다. 예수의 이름을 앞세우는 곳은 어디든지 하나님의 나라가 세워질 수 있는 견고한 기초가 세워지게 된 것이다.

예수님을 향한 마귀의 첫 번째 시험은 떡이었다. 하나님의 아들이면 돌을 떡으로 만들라는 것이었다. 사십 일을 금식하신 예수님께 떡과 관련된 마귀의 말은 강력한 유혹이었다. 누구든지 사십 일을 굶주린 상황에서 돌을 떡으로 만들 수 있는 능력이 있었다면 마음이 흔들릴 수 있을 것이다. 분명한 것은 예수님은 돌을 떡으로 만드실 능력이 있다는 사실이다. 그러나 마귀의 제안을 물리침으로 첫 번째 시험에서 승리하셨다.

마귀의 첫 번째 시험은 언약의 법을 굳게 지켜야 한다는 것을 교훈해 준다. 먹고 사는 일이 아무리 힘들어도 하나님이 세우신 삶의 법도를 결코 어겨서는 안 된다. 어떤 경우라도 도둑질이 허용될 수 없으며, 정당하게 모은 재물이라도 고통하는 이웃을 외면한 채 쌓아둘 수는 없다. 마귀는 사람을 파멸로 이끌기 위해 이를 무시하고 살도록 항상 부추긴다.

"이에 마귀가 예수를 거룩한 성으로 데려다가 성전 꼭대기에 세우고"

"가로되 네가 만일 하나님의 아들이어든 뛰어내리라 기록하였으되 저가 너를 위하여 그 사자들을 명하시리니 저희가 손으로 너를 받들어 발이 돌에 부딪히지 않게 하리로다 하였느니라" 마 4:5,6

"마귀가 또 그를 데리고 지극히 높은 산으로 가서 천하만국과 그 영광을 보여"

"가로되 만일 내게 엎드려 경배하면 이 모든 것을 네게 주리라" 마 4:8,9

이어지는 마귀의 시험 🌿

'정체가 밝히 드러났다'

예수님을 넘어뜨리기 위해 마귀가 사용했던 세 번의 시험을 두고 하는 말이다. 마귀는 웬만해선 자신의 정체를 드러내지 않는다. 눈에 띄지 않게 은밀하게 행동하는 것이 자신의 악한 일을 이루는 데 있어 더 효과적이기 때문이다.

첫 사람 하와를 넘어뜨리고자 접근했을 때에도 마귀는 뱀의 탈을 뒤집어쓰고 자신의 모습을 감추었다. 그러나 예수님을 넘어뜨리기 위해 다가왔을 때에는 자신의 모습을 감추지 않았다. 자신의 정체를 숨기고 싸울 수 있는 상대가 아니라는 것을 마귀는 이미 잘 알고 있었다.

예수께서 시험당하신 광야는 마귀가 처음으로 인간 세상에 자신의 정체를 밝히 드러낸 현장이었다. 그래서 예수께서 시험당하셨던 광야는 거룩함을 무너뜨리는 마귀의 역사가 어떠한 것인지를 알려주는 귀한 현장이 된다.

언약의 법을 무너지게 하려고 시도되었던 마귀의 첫 번째 시험은 실패했다. 그러자 마귀는 곧바로 거룩한 성과 지극히 높은 산으로 예수님을 데려가 시험을 이어갔다. 참고로 마귀의 시험에 대한 기록에 있어서 마태와 누가는 순서가 다르다.

첫 번째 떡의 시험은 두 사도가 모두 맨 앞에 두었으나, 두 번째와 세 번째의 시험은 순서가 다르다. 기록에 차이가 있으나 중요한 것은 순서가 아니라 시험의 성격이다. 오히려 기록에 차이를 둠으로써 마귀가 던지는 두 번째와 세 번째의 시험이 첫 번째의 시험과 그 성격에 있어서 차이가 있다는 사실을 알게 해준다.

첫 번째의 시험이 언약을 깨뜨리려는 시험이라면, 두 번째와 세 번째의 시험은 마귀의 달콤한 제안과 관련된 시험이었다. 즉, 첫 번째의 시험이 하나님과의 언약적 관계를 깨뜨리려는 시도였다면, 나머지는 마귀의 능력과 손을 잡으라는 시험이었다. 어느 것이든 인간을 파멸로 이끈다는 점에서 모두가 두려운 시험이었다. 그러나 예수님은 마귀의 모든 시험에서 이기고 승리하셨다.

예수님의 승리로 인해 은밀하게 감추어져 있었던 마귀의 정체가 밝히 드러났다. 예수님을 넘어뜨리기 위해 마귀는 그가 가지고 있었던 비장의 무기들을 모두 사용하였다. 마귀가 예수님을 시험했던 광야는 인류를 파멸로 이끌었던 마귀의 전략과 전술 그리고 그가 가진 비밀한 무기가 모두 노출된 자리였다.

첫번째 시험에 이어진 두 번의 시험은 한마디로 세상의 영광에 현혹되지 말라는 경고이다. 첫 언약이 무너지자 마귀는 땅을 불법으로 점유하여 악마의 법으로 다스려지는 자신의 왕국을 건설해 왔다. 그리고 마귀는 세상의 영광을 구하는 이들에게 권력과 부를 주어 자신처럼 영광을 받고 살게 했다. 이러한 사실은 하나님의 아들이니 거룩한 성에서 뛰어내려도 다치지 않을 것이며, 자신에게 절하면 세상의 영광을 얻게 될 것이라는 마귀의 제안에서 충분히 알 수 있는 일이다.

거룩한 성에서 뛰어내리라는 시험은 사람들의 시선이 집중되는 즐거움의 영광을 얻게 되리라는 것이다. 마귀가 두 번째의 제안으로 예수님을 시험한 것을 보면 높임을 받고자 하는 마음이 어디에서 비롯된 것인지 짐작할 수 있는데 죽음의 사신인 마귀에서 비롯된 것이다.

인간을 파멸로 이끄는 마귀의 마지막 공격 무기는 자신에게 굴복한 대가를 주겠다는 것이다. 자신에게 절하면 천하 만국의 영광을 취하는 즐거움을 얻게 되리라는 것이다. 악마를 숭배하면 그렇게 될 가능성도 없지 않다. 그러나 그 결말의 비참한 운명에 대해서는 절대로 알려 주지 않는다.

예수님을 시험함으로 자신의 정체를 밝히 드러내었던 광야는 마귀가 지난 세월 동안 인간을 어떻게 파멸로 이끌었는지를 생생하게 보여주는 현장이었다. 마귀의 붙들림에서 벗어나 새 언약의 거룩한 백성으로 살아가도록 하기 위해 예수님이 먼저 마귀의 혹독한 시험에 맞서 싸우셨다.

"저녁이 되매 제자들이 나아와 가로되 이곳은 빈 들이요 때도 이미 저물었으니 무리를 보내어 마을에 들어가 먹을 것을 사 먹게 하소서"

"예수께서 가라사대 갈 것 없다 너희가 먹을 것을 주어라"

"제자들이 가로되 여기 우리에게 있는 것은 떡 다섯 개와 물고기 두 마리뿐이니이다" 마 14:15~17

"다 배불리 먹고 남은 조각을 열두 바구니에 차게 거두었으며"

"먹은 사람은 여자와 아이 외에 오천 명이나 되었더라" 마 14:20,21

오병이어 🌿

예수께서 당신을 따랐던 큰 무리들을 빈 들로 이끄셨다. 그리고 떡 다섯 개와 물고기 두 마리로 오병이어의 기적의 밥상을 차려 주셨다.

"예수께서 눈을 들어 큰 무리가 자기에게로 오는 것을 보시고 빌립에게 이르시되 우리가 어디서 떡을 사서 이 사람들로 먹게 하겠느냐 하시니"

"이렇게 말씀하심은 친히 어떻게 하실 것을 아시고 빌립을 시험코자 하심이라" (요 6:5,6)

오병이어의 기적은 그 날의 굶주림을 해결하기 위한 단순한 밥상이 아니었다. 예수께서 빌립을 시험했던 대화에서 보여주듯 오병이어의 기적은 분명한 목적을 위해 하나님에 의해 계획된 일이었다. 그런 점에서 오병이어의 사건은 과거 광야의 이스라엘 백성들에게 40년간 주어졌던 만나의 사건과 닮았다.

만나가 이스라엘 민족의 거룩한 삶을 위해 예비된 훈련 양식이었듯이 오병이어로 마련된 밥상도 마찬가지였다. 이는 인류의 운명이 걸린 언약에 기초한 거룩한 밥상 문화를 다시 회복하기 위해서였다.

"저녁이 되매 제자들이 나아와 가로되 이곳은 빈 들이요 때도 이미 저물었으니 무리를 보내어 마을에 들어가 먹을 것을 사 먹게 하소서"
"예수께서 가라사대 갈 것 없다 너희가 먹을 것을 주어라" 마 14:15,16

너희가 먹을 것을 주어라

예수께서 "갈 것 없다 너희가 먹을 것을 주어라" (마 14:16) 고 말씀하셨다. 이 말씀 속에는 먹는 문제를 해결하시는 근본적인 대책이 무엇인지를 일러준다.

빈들에서 일어난 굶주림으로 인해 두 가지의 방안이 나왔다. 마을로 들어가서 양식을 구해야 한다는 제자들의 생각과 제자들을 통해 문제를 직접 해결하겠다는 예수님의 생각이다. 제자들의 생각은 굶주림의 문제에 대한 세상의 해결 방식이며, 예수님의 생각은 하나님의 해결 방안이었다.

예수님은 "너희가 먹을 것을 주어라" 명하신 후에 기적의 떡으로 빈들에서 일어났던 굶주림의 문제를 해결하셨다. "너희가 먹을 것을 주어라"는 예수님의 명령 속에는 굶주림의 문제를 하나님의 백성들을 통해 해결하겠다는 하나님의 의지가 들어있다. 즉, 굶주림의 문제에 대한 근본적 해결이 교회에 맡겨진 막중한 사명이라는 것이다.

오병이어의 기적으로 굶주림의 문제가 해결된 빈들의 사건은 모세의 때에 광야에서 만나를 통해 먹는 문제를 해결했던 방식과도 동일하다. 하나님은 기적의 양식이었던 만나를 광야에 내려주었다. 이 기적의 양식 만나는 모세의 명령에 따라 서로 나눔으로써 각 사람 모두에게 부족함 없이 주어지게 되었다.

오병이어의 기적도 마찬가지였다. 예수께서 행하신 기적의 양식이 제자들을 통해 나눔으로써 빈들에 모인 무리의 굶주림이 해결되었다. 기적의 양식이 주어진 장소와 방식은 달랐지만 양식을 취한 과정은 동일했다.

예수님은 오병이어의 사건을 통해 언약 공동체인 교회가 어떠한 모습이어야 하는가를 보여주셨다. 더불어 살아가는 거룩한 세상을 위해 교회가 해야 할 일이 참으로 크고 중하다.

"무리를 명하여 잔디 위에 앉히시고 떡 다섯 개와 물고기 두 마리를 가지사 하늘을 우러러 축사하시고 떡을 떼어 제자들에게 주시매 제자들이 무리에게 주니"
"다 배불리 먹고 남은 조각을 열두 바구니에 차게 거두었으며"
"먹은 사람은 여자와 아이 외에 오천 명이나 되었더라" 마 14:19~21

다 배불리 먹었더라 🌾

자원이 부족한 것도 문제지만 더 큰 문제는 풍요 속의 결핍이다. 결핍은 어떠한 상태이든지 삶에 불행을 초래하므로 반드시 해결되어야 한다. 그중에 후자는 죄에 오염된 인간의 탐욕에서 비롯되었기에 신앙적 차원에서 다루어지지 않으면 결코 해결될 수 없다. 언약의 구주이신 예수님을 십자가에 매달았던 대못이 인간의 탐욕스러운 마음을 겨냥했던 것도 바로 그런 이유다.

예수님을 따라 빈들로 나아갔던 큰 무리의 사람들이 오병이어로 차려진 밥상을 받았다. 비록 한 끼의 단출한 음식이었으나 모든 사람들을 다 배부르게 만들었던 세상 어디에서도 경험할 수 없는 최고의 밥상이었다.

모든 사람들이 다 배부르게 되는 이상적 사회는 아담의 실패 이후에 하나님께서 이스라엘 민족과 언약을 맺으시며 지상에 이루고자 하셨던 하나님 나라의 모습이다. 예수님은 오병이어의 밥상을 통해 거룩한 하나님 나라의 영광을 빈들에서 경험하게 하셨다.

제사장에게 주어진 진설병의 규칙이 엄했던 것은 모두를 배부르게 하는 거룩한 밥상의 문화를 이스라엘로 지키도록 하기 위함이었다. 이스라엘의 거룩한 밥상 문화가 세상 가운데로 확장되면 부의 공정한 분배 혹은 경제적 평등이 이루어지는 사회가 된다.

이스라엘 민족을 통해 이루고자 했던 젖과 꿀이 흐르는 축복의 땅은 이러한 세상을 두고 하는 말이었다. 모든 이가 배불렀던 오병이어의 현장은 경제적 평등을 통해 이루어지는 이상적 사회 건설을 보여준다. 이는 예수를 구주로 믿는 새 언약의 백성들인 교회 공동체에 맡겨진 큰 사명이다.

"무리를 명하여 잔디 위에 앉히시고 떡 다섯 개와 물고기 두 마리를 가지사 하늘을 우러러 축사하시고 떡을 떼어 제자들에게 주시매 제자들이 무리에게 주니"

"다 배불리 먹고 남은 조각을 열두 바구니에 차게 거두었으며"

"먹은 사람은 여자와 아이 외에 오천 명이나 되었더라" 마 14:19~21

열두 바구니

오병이어의 기적으로 차려진 식사 후에 남은 조각이 열두 바구니였다. 밥상에 참여한 사람들의 수가 많았음을 감안할 때 남은 것은 심히 적었다. 오병이어의 식사가 남긴 열두 바구니의 음식은 또 하나의 기적이었다. 이것은 자신의 분량만을 취함으로 나타난 현상이다. 즉, 열두 바구니의 기적은 언약의 법이 성취될 때에 나타나는 자연스러운 현상이다.

언약이 무너진 사회는 열두 바구니의 흔적이 사라진다. 탐욕의 법이 자원의 공평한 분배를 깨뜨리기 때문이다. 탐욕이 초래한 자원의 쏠림 현상은 가진 자와 갖지 못한 자, 양쪽 모두에게 세상을 어지럽히는 불법만을 대량으로 양산하게 만든다. 부한 자는 부하여 죄를 더하고, 가난한 자는 가난하여 죄를 짓게 된다.

오병이어의 거룩한 밥상이 남긴 열두 바구니의 표적은 탐욕을 십자가에 못 박음으로 세상을 변화시켜야 할 하나님의 백성들이 취해야 할 삶의 모습을 가르쳐 주고 있다.

열두 바구니의 표적은 절제된 삶이 거룩하고 복된 세상을 만드는 능력임을 보여준 것이다.

"예수께서 무리를 명하사 땅에 앉게 하시고"

"떡 일곱 개와 그 생선을 가지사 축사하시고 떼어 제자들에게 주시니 제자들이 무리에게 주매"

"다 배불리 먹고 남은 조각을 일곱 광주리에 차게 거두었으며"

"먹은 자는 여자와 아이 외에 사천 명이었더라" 마 15:35~38

칠병이어 🌿

"나의 하려는 것을 아브라함에게 숨기겠느냐"(창 18:17) 소돔 땅을 향하던 천사가 아브라함에게 했던 말이다. 하나님은 하시고자 계획한 일을 당신의 사람들에게 미리 알려주심으로 일하신다.

제자들과 함께 했던 예수님의 공생애는 거룩한 삶을 위한 언약적 삶의 방식을 알려주는 기간이었다. 특히, 오병이어와 칠병이어라는 두 기적의 밥상 사건은 하나님 나라를 세우기 위해 장차 제자들이 무슨 일을 해야 되는지를 명확하게 알려준 하나님의 일하심이었다.

두 기적의 사건은 하나의 사건처럼 닮은 점이 많다. 차이점이라면 떡과 떡을 먹었던 무리들, 먹고 남은 음식을 담았던 광주리의 숫자만 달랐다. 즉, 두 기적의 밥상을 통해 전하려 했던 언약적 교훈에 있어서는 하나의 사건과 다름이 없었다. 예수께서 같은 기적의 사건을 두 번 행하신 것은 언약이라는 사안의 중대성과 관련된다.

그런 점에서 예수께서 오병이어에 이어 행하신 칠병이어의 사건은 모세가 신명기를 기록했던 목적과 유사하다. 광야 40년 동안 이스라엘 민족을 이끌었던 모세는 그의 생애 마지막 시점에 모세 오경의 마지막 책이었던 신명기를 쓰게 된다. 신명기는 율법서인 창세기, 출애굽기, 레위기, 민수기 네 권을 정리하여 다시 쓴 책이다. 말하자면 장차 가나안 땅을 터전 삼아 살게 될 광야에서 태어난 세대들에게 언약을 굳게 지키며 살기를 신신당부하며 쓴 유언과도 같은 책이었다.

예수께서 자신의 때가 얼마 남지 않았음을 아시고 오병이어에 이어 칠병이어의 밥상을 차리셨다. 그것은 제자들에게 하나님의 백성에게 주어진 언약적 사명의 중요성을 재인식시키기 위함이었다. 십자가를 지실 시간이 얼마 남지 않았다는 점에서 칠병이어 사건은 제자들에게 맡겨질 언약적 사명에 대한 모세의 신명기 같은 가르침이었다.

"삭개오가 서서 주께 여짜오되 주여 보시옵소서 내 소유의 절반을 가난한 자들에게 주겠사오며 만일 뉘 것을 토색한 일이 있으면 사 배나 갚겠나이다"
"예수께서 이르시되 오늘 구원이 이 집에 이르렀으니 이 사람도 아브라함의 자손임이로다" 눅 19:8,9

삭개오 🌿

예루살렘으로 올라가시던 예수님께서 여리고 지역에 들리셨다.

여리고는 이스라엘 민족에게 특별한 의미가 있는 곳으로 가나안 입성을 앞둔 여호수아의 군대가 민족적 운명을 걸고 전쟁을 했던 땅이다. 여리고 성 거민과의 전쟁은 광야 40년 동안 이스라엘 백성들이 언약의 법을 지킴으로써 갈고닦은 거룩한 싸움의 기술을 처음으로 세상 가운데 선보였던 곳이기도 하다.

예수님의 생애가 보여주는 뚜렷한 특징이 있다. 출애굽 후 하나님 나라를 세우기 위해 약속의 땅으로 향했던 이스라엘 민족의 삶의 여정이 예수님의 생애 속에서 그대로 보인다는 것이다. 그런 점에서 예루살렘으로 향하시던 예수님께서 여리고를 지나가셨던 것은 당연한 일이었다. 그곳에서 예수님은 세리장 삭개오를 만나주셨다.

예수께서 삭개오를 만나주신 것은 이스라엘 민족이 여리고 성을 무너뜨림으로 약속의 땅에 진입한 것과 같다. 지상에 세워져야 할 하나님의 복된 나라는 인간의 마음속에 자리 잡고 있는 탐욕의 견고한 성이 무너질 때만 가능한 일이기 때문이다. 예수님을 만난 삭개오는 그동안 자신의 불의한 삶을 지탱하게 만들었던 탐욕의 여리고 성이 완전히 무너진 것을 경험하게 된다.

"삭개오가 서서 주께 여짜오되 주여 보시옵소서 내 소유의 절반을 가난한 자들에게 주겠사오며 만일 뉘 것을 토색한 일이 있으면 사 배나 갚겠나이다"

(눅 19:8)

예수님을 만나기 전까지 삭개오는 불의한 재물로 양식을 삼았던 사람이었기에 언약의 법 앞에서 반드시 무너져야 했다. 여리고 성 거민들의 삶과 다를 바 없었던 삭개오가 예수님을 만난 후, 이웃을 생각하는 사람으로 바뀌었다. 스크루지 같았던 그가 천국의 기업을 물려받을 의로운 사람으로 바뀐 것이다. 이는 삭개오의 진실한 회개로 이루어진 결과였다. 진실한 회개는 철저한 회계임을 보여준다.

첫 언약의 법이 무너진 후 세상 사람들은 하나님이 인간의 삶으로 지정했던 언약의 법을 지키며 살아가기보다는 마귀가 세워놓은 불법한 어둠의 법을 의존하며 살아가게 되었다. 삭개오처럼 불법한 재물로 양식을 삼고 살아가는 악한 삶도 아무렇지 않게 받아들이며 살아가게 된 것이다.

불법의 양식을 먹음으로 부정하게 된 사람들이 절대로 할 수 없는 일이 있다. 하나님과 생명의 언약을 맺는 일이다. 결국 영원한 죽음의 형벌에서 벗어날 수 없게 된다. 죽음의 형벌에서 벗어나는 유일한 길은 삭개오처럼 불법의 양식을 다시는 먹지 않겠다는 거룩한 다짐을 정직한 셈으로 회개하는 것이다.

"저희가 먹을 때에 예수께서 떡을 가지사 축복하시고 떼어 제자들을 주시며 가라사대 받아먹으라 이것이 내 몸이니라 하시고"
"또 잔을 가지사 사례하시고 저희에게 주시며 가라사대 너희가 다 이것을 마시라"
"이것은 죄 사함을 얻게 하려고 많은 사람을 위하여 흘리는바 나의 피 곧 언약의 피니라" 마 26:26~28

성찬 🌿

이스라엘 민족은 애굽에서 구원받은 것을 기억하며 유월절의 절기를 지킨다. 애굽에서의 탈출이 언약적 삶을 위한 첫 발걸음이었다는 점에서 유월절은 하나님 나라와 관련된 절기라 해도 좋을 것이다. 이 날에는 음식에 정한 규례를 따라 이스라엘의 모든 식구들이 함께 모여 식사를 한다.

예수께서 유월절의 절기에 맞추어 제자들과 함께 식사하기를 고대하셨던 것은 제자들을 통해 하나님의 나라인 교회가 지상에 세워질 것을 아시고 기념하기 위함이었다. 이스라엘 민족을 통해서든 교회를 통해서든 지상에 세워질 하나님의 나라를 기념하는 방식에서 빠질 수 없는 것이 함께 하는 식사였다.

예수께서 유월절의 절기에 맞추어 제자들과 식사를 하시며 성찬의 법을 세우셨다. 이는 이스라엘 민족에게 주어졌던 유월절의 밥상을 성찬의 밥상으로 대체한 것이며, 이스라엘 민족에게 맡겼던 언약의 법을 교회에 위임하겠다는 공식적인 선언이었다.

유월절의 식사처럼 성찬의 식사는 세상을 구원하는 일이 거룩한 밥상에 달려 있음을 보여준다. 그런 면에서 예수님의 마지막 성찬은 최고의 밥상이었다.

누구든지 예수의 살과 피로 차려진 성찬에 참여하는 자는 영원한 생명을 얻게 되며 세상을 구원할 하나님 나라의 백성으로서 능력 있는 삶을 살게 된다. 그러므로 예수를 구주로 믿는 이들은 성찬의 거룩한 식사에 참여하기를 사모해야 한다.

주의할 점은, 성찬에 참여하는 일은 자신의 삶을 돌아보는 신중함을 요구하는 것이다. 아무렇게나 먹고 마실 경우 예수의 살과 피를 범하는 중한 죄에 빠질 수가 있다. 실제로 초대교회 시절, 성찬에 참여한 이후 중한 병이 들거나 죽는 일까지 생겨났다. 성찬에 대한 다양한 신학적 견해는 성찬 참여에 대한 부주의함을 막으려는 노력의 산물이었다고 할 수 있다.

성찬에는 네 가지의 다른 신학적 견해가 있다. 가톨릭의 화체설, 루터의 공제설, 칼빈의 영적 임재설, 쯔빙글리의 기념설이다. 예수의 동일한 피와 살이 서로 다른 밥상으로 차려졌다. 이는 성찬이 언약의 법을 담고 있는 진설병 같은 것임을 인지하지 못한 결과인데 교회 분열이라는 심각한 후유증을 남겼다. 중세 천년의 암흑기는 성찬이 언약의 밥상임을 깨닫지 못해 생겨난 일이다. 그 후유증은 오늘날까지 여전히 지속되고 있다.

오늘날 성찬의 가르침은 대략 두 가지로 화체설과 기념설이다. 화체설은 물리적 떡과 포도주 그 자체에 신비한 능력을 부여했으며, 기념설은 대속의 은혜를 부각함으로써 떡이 가지는 언약적 교훈을 제대로 살려내지 못했다.

두 가르침 모두 언약의 참된 교훈을 온전히 드러내지 못했다는 점에서 참된 복과 생명을 찾는 이들에게는 안타까운 일이다.

성찬의 거룩한 식사가 참된 유익을 주는 경우는 오직 한 가지다. 포도주(피)와 떡(살) 곧, 성찬에 담겨있는 언약의 법을 깨닫고 삶으로 실행하는 것이다. 예수의 피로 속죄함을 받은 하나님의 자녀들이 되었으니 인간 본연의 거룩한 삶을 회복해야 한다.

즉, 죄의 욕심을 버리고 삶의 모든 영역에서 그리스도의 사랑을 실천하고 살아야 한다. 더 이상 이기적으로 살아가는 부정한 사람들이 되지 말고 서로 섬김으로 함께 사는 사랑의 사람들이 되어야 한다. 이것이 예수께서 언약의 법을 성찬의 거룩한 예식으로 교회에 남기신 진정한 이유인 것이다.

"내가 곧 생명의 떡이로라"

"너희 조상들은 광야에서 만나를 먹었어도 죽었거니와"

"이는 하늘로서 내려오는 떡이니 사람으로 하여금 먹고 죽지 아니하게 하는 것이니라"

"나는 하늘로서 내려온 산 떡이니 사람이 이 떡을 먹으며 영생하리라 나의 줄 떡은 곧 세상의 생명을 위한 내 살이로라 하시니라"

요 6:48~51

만나와 예수 🌿

광야 시절 하늘에서 만나라는 양식이 주어졌다. 땅에서 양식을 공급해 줄 수도 있었으나 하나님은 하늘로부터 양식을 내려 주셨다. 이는 먹고 사는 바른 삶을 통해 사람들이 영원한 생명에 이르는 길을 가르쳐주기 위함이었다.

"이는 하늘로서 내려오는 떡이니 사람으로 하여금 먹고 죽지 아니하게 하는 것이니라" (요 6:50)

그런데 광야의 이스라엘 백성들은 하늘 양식을 먹었음에도 불구하고 출애굽 1세대의 사람들 대부분은 성경의 기록대로 생명에 이르지 못하였다.

"너희 조상들은 광야에서 만나를 먹었어도 죽었거니와" (요 6:49)

당연히 살았어야 할 백성들이 죽음에 이르렀던 것이다. 무슨 문제가 있어서 생명의 양식을 먹고도 이처럼 불행한 사태에 이르게 되었는가? 첫 언약이 깨어진 불행한 사건에서 보여주듯 죽음의 이유는 명백했다. 하늘 양식은 먹는 방식이 엄격하다. 만나에 주어진 엄격한 규칙을 어김으로 언약을 깨뜨린 데서 비롯된 것이었다.

만나에 이어 또다시 하늘로부터 양식이 주어졌다. 하나님이 사람이 되어 생명의 양식이 되신 것이다.

"나는 하늘로서 내려온 산 떡이니 사람이 이 떡을 먹으면 영생하리라 나의 줄 떡은 곧 세상의 생명을 위한 내 살이로라" (요 6:51)

성찬에 참여함으로 영원한 생명을 얻게 될 것을 염두에 두고 하신 말씀이었다. 그러나 영원한 생명을 얻는 것은 단순히 성찬의 예식에 참여하는 것으로만 되는 일이 아니다.

음식의 취향은 육체의 체질에 영향을 미친다. 또한 형성된 체질은 그 사람의 운명이 된다. 성찬의 떡과 포도주에 참여한다는 것은 예수의 살과 피를 먹고 마심으로 예수님을 닮은 체질로 바뀌어지는 것을 의미한다. 이는 영생의 구주 되신 예수님과의 연합이며 예수님처럼 거룩하게 살아갈 것을 촉구하는 것이다.

하나님이 사람의 몸을 입고 죄인들의 양식이 되려 했던 이유를 잠시만이라도 생각해 보라. 먹고 살아가는 삶의 방식에 있어서 하늘의 가르침을 따르도록 하기 위함이 아니었겠는가. 그러므로 예수님처럼 거룩하게 먹고 살아가는 삶이 없는 성찬의 참여는 성찬의 거룩한 예식을 제정한 목적에 위배된다.

거룩한 삶이 없는 성찬의 참여는 먹고 마시는 일이 더해질수록 자신의 몸에 죄만 더욱 쌓을 뿐이다. 즉, 영원한 생명을 위해 주어졌던 하늘양식 만나를 먹고도 쓰러졌던 광야의 이스라엘 백성들처럼 불행한 처지에 이르게 되는 것이다. 그들의 불행했던 역사는 오늘을 살아가는 그리스도인들에게 예수의 살과 피로 차려진 성찬을 어떻게 먹어야 하는 지를 선명하게 교훈해 준다.

"이 예수는 너희 건축자들의 버린 돌로서 집 모퉁이의 머릿돌이 되었느니라"
"다른 이로서는 구원을 얻을 수 없나니 천하 인간에 구원을 얻을 다른 이름을 우리에게 주신 일이 없음이니라 하였더라" 행 4:11,12

오직 예수 🌿

세상에는 다양한 종교가 있어 복과 생명에 관해 가르친다. 그러나 죄의 삯인 사망의 열매만 가득할 뿐이다. 그리스도인들의 이와 같은 주장을 세상 사람들은 편협한 생각이라 여길 수 있다. 하지만 그들이 보이는 반감에도 불구하고 생명은 오직 예수뿐이다. 이러한 주장의 분명한 증거가 언약인 것이다.

"여호와 하나님이 그 땅에서 보기에 아름답고 먹기에 좋은 나무가 나게 하시니 동산 가운데에는 생명나무와 선악을 알게 하는 나무도 있더라" (창 2:9)

하나님은 생명나무인 선악을 알게 하는 나무를 두심으로 생명의 비밀을 드러내셨다. 언약이 무너지면 생명은 사라지고 언약이 지켜지면 생명은 주어진다. 언약과 생명은 하나의 연관성을 갖는다.

첫 언약은 아담의 범죄로 무너졌으며, 그 결과 생명나무는 차단되었다. 생명이 사람에게 주어지려면 먼저 죄로 인해 무너진 언약을 회복하는 일이 선행되어야 한다.

예수님은 언약의 걸림돌이 되었던 죄의 문제를 십자가의 희생을 통해 해결하심으로 언약을 다시 세우셨다. 그래서 다시 생명 길을 여신 유일한 중재자가 되셨다.

사도들은 죽음의 위협에도 굴하지 않고 "예수 외에 천하에 구원을 얻을 다른 이름을 주신 일이 없다"(행 4:12)라고 담대히 전했다. 인간의 죄 문제를 해결함으로 하나님과의 언약을 다시 회복한 이는 오직 예수뿐이셨다.

"예수께서 이러한 많은 비유로 저희가 알아들을 수 있는 대로 말씀을 가르치시되"

"비유가 아니면 말씀하지 아니하시고 다만 혼자 계실 때에 그 제자들에게 모든 것을 해석하시더라" 막 4:33,34

"이 때에 예수께서 기도하시러 산으로 가사 밤이   도록 하나님께 기도하시고"

"밝으매 그 제자들을 부르사 그 중에서 열둘을 택하여 사도라 칭하셨으니" 눅 6:12,13

제자훈련 🌿

　　모세와 예수님의 생애는 닮은 점이 많다. 태어난 순간부터 죽음의 위협에 노출되었다. 모세는 바로 왕의 명령으로 그리고 예수님은 분봉왕 헤롯의 계략으로 인해 죽음의 위협에 처했다.

　　모세는 미디안 광야에서 양을 돌보았고, 예수님은 목수의 일을 하셨다. 두 가지 모두 당시의 가난한 서민들의 일이었다. 후일 모세는 애굽을 탈출한 이스라엘 백성들과 함께 광야에서 살았고, 예수님은 열두 명의 제자들과 함께 광야 같은 삶을 사셨다.

　　여러 가지의 닮은 점 가운데서 가장 주목할 부분은 광야 생활이었다. 광야는 하나님의 백성들에게 거룩한 삶의 길을 가르치기 위해 반드시 거쳐야 할 과정이었다.

　　모세는 출애굽 한 이스라엘 백성들과 함께 만나를 먹으며 광야에서 40년을 살았다. 그는 이스라엘 백성들 앞에서 언약을 지키는 거룩한 삶의 본을 보였다. 그의 40년 광야 생활은 이스라엘 백성들과 함께 한 구약의 제자훈련이었던 셈이다.

예수님의 생애에서 가장 중요했던 시기는 제자들과 함께 했던 삼 년 육 개월의 시간이었다. 모세의 40년 광야 생활의 약 십 분의 일의 기간이다. 이 시기에 예수님은 모세가 이스라엘 백성들과 함께 했던 것처럼 제자들과 함께 하셨다. 복음이 증거되는 현장은 물론이거니와 식사하고 잠을 자는 일상생활에서 예수님은 항상 제자들과 함께 하셨다. 몸으로 경험되는 삶의 현장을 통해 언약을 지키는 거룩한 삶을 가르쳤다. 하나님의 나라는 거룩하게 먹고 살아가는 사람들의 공동체였기 때문이다.

사단이 선악을 알게 하는 언약의 법을 깨뜨림으로써 얻고자 했던 일이 있었다. 사람들이 선과 악에 관하여 무지한 상태로 살아가게 하는 것이다. 즉, 먹고 사는 일에 있어 선과 악을 구분하는 일의 중요성을 저버리게 만드는 것이다.

실제로 사단이 언약의 법도를 깨뜨린 이후 이 세상은 선과 악의 경계가 모호해져 버렸다. 먹고 사는 일 앞에서 어떤 이들은 선을 악으로, 악을 선으로 둔갑시키기도 한다. 이러한 사람들은 선과 악의 무너진 경계를 넘나들며 떡을 먹고 살아간다.

제자훈련의 본질은 선과 악을 엄격히 구분하고 살아가는 거룩한 삶의 공동체를 만드는 것이라 할 수 있다. 무너진 선과 악의 경계를 분명히 세우는 것, 그것이 예수님의 제자훈련이었다.

"믿는 사람이 다 함께 있어 모든 물건을 서로 통용하고"

"또 재산과 소유를 팔아 각 사람의 필요를 따라 나눠 주고"

"날마다 마음을 같이하여 성전에 모이기를 힘쓰고 집에서 떡을 떼며 기쁨과 순전한 마음으로 음식을 먹고" 행전 2:44~46

"그 중에 핍절한 사람이 없으니 이는 밭과 집 있는 자는 팔아 그 판 것의 값을 가져다가"

"사도들의 발 앞에 두매 저희가 각 사람의 필요를 따라 나눠 줌이러라" 행전 4:34,35

"천사가 여자들에게 일러 가로되 너희는 무서워 말라 십자가에 못 박히신 예수를 너희가 찾는 줄을 내가 아노라"

"그가 여기 계시지 않고 그의 말씀하시던 대로 살아나셨느니라 와서 그의 누우셨던 곳을 보라" 마 28:5,6

초대교회와 부활 🌿

초대교회 성도들은 서로 교제하며 떡을 떼고 열심히 기도했다. 그리고 날마다 성전에 모이기를 힘쓰며 하나님을 찬미했다. 이러한 모습은 오늘날 그리스도인들의 생활에서도 쉽게 찾아볼 수 있다. 그런데 오늘날 교회 생활에서 찾아보기 어려운 점이 있다면 경제적 나눔의 생활로 서로를 위해 물질을 아낌없이 나누는 삶의 영역이다.

초대교회 그리스도인들은 물질이라는 장벽을 뛰어넘음으로써 마침내 천사들도 살펴보기를 원하는 아름다운 교회를 세울 수가 있었다. 초대교회는 하나님께서 구약 이스라엘 민족을 통해 이루고자 했던 하나님 나라의 실현이었다.

또한, 하나님의 나라가 땅위에 이루어지기를 꿈꾸는 모든 이들에게 교회의 영원한 모델이다.

아간 한 사람으로 인해 가나안 땅에 하나님의 나라를 세우려 했던 이스라엘 민족의 꿈은 잠시 동안 좌절의 위기를 맞았다. 이처럼 하나님의 나라는 물질에 대단히 민감하게 반응한다. 누구 한 사람 언약을 거스르게 되면 하나님 나라의 모습을 갖추기 어렵게 되는 것이 바로 주님의 몸된 교회가 가지는 민감한 특징이다.

예나 지금이나 대부분의 사람들은 재물의 힘에 붙들려 살아간다. 그런데 초대교회 그리스도인들은 재물이 붙드는 힘에서 자유로웠다. 그로 인해 아름다운 초대교회를 세울 수 있게 되었다. 이를 가능하게 했던 결정적 사건이 바로 예수님의 부활이었다.

예수님은 수많은 기적을 행하시고 진리를 가르치심으로 인생을 향한 하나님의 뜻이 무엇인지를 밝히 알려주셨다. 그러나 예수께서 죽으시자 모든 제자들은 다시 예전의 모습으로 돌아가고 말았다. 예수님과 함께 했던 삶을 통해 언약을 지키며 살아가는 삶이 무엇인지는 어렴풋하게 알았으나 막상 예수님이 죽으시자 언약적 삶을 실천할 수 없었다. 그런데 이를 가능케 한 사건이 일어났다. 죽으셨던 예수님이 다시 살아나시어 제자들에게 나타난 것이다.

부활의 사건으로 인해 제자들에게 명확해진 것이 있었다. 죽음을 이기는 생명이 예수 안에 있다는 사실을 제자들은 눈으로 보고 손으로 직접 만진 바가 되었다. 정확히 말하면 예수님처럼 살아가는 삶이 곧, 영원한 생명의 길임을 제자들은 부활을 통해 확실하게 경험한 것이다. 죽음을 이긴 부활의 사건은 초대교회 그리스도인들에게 물질의 높은 장벽을 뛰어넘게 만들었다.

살아생전 예수님의 초라한 삶의 모습은 그 당시의 이스라엘 백성들에게는 조롱과 멸시의 대상이었다. 특히 당시의 타락한 종교 지도자들에게는 도무지 이해할 수 없는 것이었다. 믿음을 저버린 가룟 유다의 행위는 초라한 예수님의 모습에 대한 이해의 부족에서 비롯된 것이기도 했다. 그러나 예수께서 부활하자 제자들은 비로소 예수의 초라했던 삶의 이유를 밝히 알게 되었던 것이다.

"그는 주 앞에서 자라나기를 연한 순 같고 마른 땅에서 나온 줄기 같아서 고운 모양도 없고 풍채도 없은즉 우리의 보기에 흠모할 만한 아름다운 것이 없도다"

"그는 멸시를 받아서 사람에게 싫어 버린 바 되었으며 간고를 많이 겪었으며 질고를 아는 자라 마치 사람들에게 얼굴을 가리우고 보지 않음을 받는 자 같아서 멸시를 당하였고 우리도 그를 귀히 여기지 아니하였도다" (사 53:2,3)

예수님의 외모는 심히 초라했다. 하지만 세상을 구원하기 위해 자신을 온전히 하나님께 드렸던 삶 속에 죽음을 이기는 생명의 능력이 들어 있었다.

영원한 생명의 밝은 신호탄이 되었던 예수님의 부활 사건을 통해 제자들은 재물의 장벽을 뛰어넘어 마침내 언약의 법이 다스리는 거룩하고 아름다운 하나님의 나라, 초대교회를 세웠던 것이다.

"베드로가 가로되 아나니아야 어찌하여 사단이 네 마음에 가득하여 네가 성령을 속이고 땅값 얼마를 감추었느냐"

"땅이 그대로 있을 때에는 네 땅이 아니며 판 후에도 네 임의로 할 수가 없더냐 어찌하여 이 일을 네 마음에 두었느냐 사람에게 거짓말한 것이 아니요 하나님께로다"

"아나니아가 이 말을 듣고 엎드러져 혼이 떠나니 이 일을 듣는 사람이 다 크게 두려워하더라" 행전 5:3~5

아나니아와 삽비라 🌿

아나니아와 삽비라 부부가 땅을 판 돈의 일부를 하나님께 바쳤다. 대단한 헌신으로 여겨졌을 법한 일이었으나 성령을 시험한 악한 행위로 드러나 이들 부부는 죽음에 이르렀다. 헌금으로 인해 발생했던 초대교회에서의 죽음 사건은 교회가 부정을 절대로 용납하지 않는 거룩한 기관임을 보여준다.

모세의 율법에는 부정에 관한 규례가 엄격하다. 땅에 기어 다니는 짐승의 사체만 그릇에 닿아도 그 그릇은 부정하게 된다. 물에 씻든지 깨어버리든지 하여야 부정을 면하게 된다. (레 11:31~33) 이는 언약 공동체인 거룩한 교회를 두고 하신 말씀이다.

예수의 피로 세워진 언약의 공동체인 교회는 더불어 살아가는 사람들의 거룩한 모임이다. 나 혼자 살려는 이기적 행위는 거룩한 언약 공동체인 교회를 순식간에 무너지게 하는 부정함이 된다.

아나니아와 삽비라 부부의 헌금 사건이 죽음을 불렀던 것은 헌금의 액수가 아니었다. 그들의 행위가 언약 공동체였던 교회의 정체성을 와해시키는 부정한 행위였기 때문이다.

여리고 성을 정복했던 이스라엘의 군대가 아이성 전투에서 참패했던 것도 아간 한 사람의 이기심이 언약의 공동체였던 이스라엘 전체를 부정하게 만들 우려가 있었던 탓이다.

이기심이라는 부정은 악한 전염병과 같다. 하나님의 나라를 무너뜨리는 아간의 부정행위가 다시 반복되어 나타난 것이 초대교회의 아나니아와 삽비라 부부의 헌금 사건이었다.

"우리가 너희와 함께 있을 때에도 너희에게 명하기를 누구든지 일하기 싫어하거든 먹지도 말게 하라 하였더니" 살후 3:10

먹지도 말게 하라 🌿

그리스도인들은 나눔의 삶을 실천해야 한다. 특히 양식에 주린 이들에게 먹을 것을 나누는 일에는 주저하지 말아야 한다. 그러나 자신의 일을 게을리하는 이들은 나눔의 대상에서 예외였다.

언약의 법은 누구든지 땀 흘린 노동의 대가로 양식을 취해야 한다고 명하고 있다. 양식을 취하는 일과 관련하여 바울은 "일하기 싫어하는 자는 먹지도 말라"라고 엄하게 가르쳤다.

바울의 이러한 가르침은 "네가 얼굴에 땀이 흘러야 식물을 먹고"(창 3:19)라는 언약의 말씀에서 비롯된 것이다. 땀을 흘리지 않고 양식을 취하는 일은 언약을 위반하는 심각한 악이다.

오래 전, 동네 연못에서 손바닥 만한 붕어를 낚은 적이 있었다. 대개 낚시 바늘에 걸린 물고기들은 물에서 올라오면 힘차게 퍼덕거린다. 그런데 그 붕어는 별다른 움직임이 없었다. 살펴보니 큰 거머리 두 마리가 붙어서 피를 빨고 있었다. 자신의 일에 성실하지 못하면서 양식을 취하는 행위는 거머리와 다를 바가 없는 것이다.

주님의 몸된 교회는 다같이 더불어 살아가는 거룩한 공동체이다. 교회라는 거룩한 공동체가 건강하게 유지되기 위해서는 모든 이들이 자신의 일에 성실해야만 가능한 것이다.

"이제 너희의 유여한 것으로 저희 부족한 것을 보충함은 후에 저희 유여한 것으로 너희 부족한 것을 보충하여 평균하게 하려 함이라"

"기록한 것같이 많이 거둔 자도 남지 아니하였고 적게 거둔 자도 모자라지 아니하였느니라" 고후 8:14,15

평균의 삶 🌿

돼지는 보통 일곱 마리에서 많게는 열 마리 정도의 새끼를 낳는다. 그중에는 크기가 작은 녀석들이 항상 한 두 마리씩 끼어 있다. 이들은 다른 새끼들의 덩치에 밀려 어미의 젖을 제대로 먹을 기회가 없다. 그런 경우에 주인이 직접 어미 젖을 찾아서 물려주기도 한다. 그렇게 하면 얼마 지나지 않아 다른 녀석들과 덩치가 비슷해진다.

바울 당시 예루살렘 교회는 기근으로 인해 경제적 어려움에 직면했었다. 헌금에 대한 바울의 편지가 고린도 교회에 주어졌던 것도 그런 이유에서였다. 바울은 과거 광야 시절 이스라엘 선조들의 삶을 언급하며 헌금을 권면했다.

"이제 너희의 유여한 것으로 저희 부족한 것을 보충함은 후에 저희 유여한 것으로 너희 부족한 것을 보충하여 평균하게 하려 함이라"

"기록한 것같이 많이 거둔 자도 남지 아니하였고 적게 거둔 자도 모자라지 아니하였느니라" (고후 8:14,15)

바울은 헌금하는 목적을 분명히 하고 있는데 교회 지체들의 평균된 삶을 위함이라고 전하였다. 광야에서 이스라엘 민족이 만나를 먹고 살았던 거룩한 삶을 교회 공동체가 실현하기 위해 헌금을 해야 한다고 편지를 썼던 것이다. 하나님께서 정하신 거룩한 삶은 남지도 모자라지도 않는 모든 사람들이 골고루 잘 살아가는 평균된 삶이었기 때문이다. 교회의 지체들은 헌금의 정확한 목적을 알고 드려야만 한다. 정확한 목적을 모른채 드려지는 헌금은 거룩한 목적을 위해 올바로 사용되기 어렵다.

예수께서 예루살렘 성전에 들어가서서 분노하시며 돈을 바꾸는 이들의 상을 엎으신 적이 있었다. 당시의 지도자들이 성전을 돈 버는 장소로 전락시켰던 탓이다. (요 2:16) 그와 같은 일은 헌금의 목적을 정확히 알지 못할 때 언제, 어디서든지 일어날 수 있다.

헌금에 대해서 대부분의 성도들은 하나님께 드렸으니 잘 사용될 거라 생각할 수 있다. 그러나 그렇지 않은 경우도 있다. 소경의 인도함을 받으면 자신의 의지와는 상관없이 구덩이에 빠지게 되듯이, 헌금의 사용처가 올바르지 않으면 내가 드린 헌금을 하나님께서 받으셨다고 볼 수 없다. 헌금을 드리는 목적은 명확해야 한다. 헌금은 평균된 삶 곧, 언약의 법이 성취되는 거룩한 공동체를 실현하기 위함이다.

"아브람이 여호와를 믿으니 여호와께서 이를 그의 의로 여기시고"

"또 그에게 이르시되 나는 이 땅을 네게 주어 업을 삼게 하려고 너를 갈대아 우르에서 이끌어 낸 여호와로라" 창 15:6,7

"네 자손은 사대 만에 이 땅으로 돌아오니…" 창 15:16

"그 날에 여호와께서 아브람으로 더불어 언약을 세워 가라사대 내가 이 땅을 애굽 강에서부터 그 큰 강 유브라데까지 네 자손에게 주노니"

"곧 겐 족속과 그니스 족속과 갓몬 족속과"

"헷 족속과 브리스 족속과 르바 족속과"

"아모리 족속과 가나안 족속과 기르가스 족속과 여부스 족속의 땅이니라 하셨더라" 창 15:18~21

땅에 대한 약속

땅의 주인이신 하나님께서 당신의 선하신 목적을 이루기 위해 사람과 언약을 맺으시고 땅에 대한 권리를 사람에게 맡기셨다. 언약은 사람이 땅을 사용해도 좋다는 사용증명서였던 것이다.

그러나 사단에 의해 언약이 깨어지자 땅은 무주공산처럼 되어버렸다. 즉, 언약의 파기로 인해 사람에게 맡겨졌던 땅에 대한 사용권이 상실되고 말았다.

이를 통해 사단은 하나님께서 사람에게 맡기신 땅을 불법으로 점령하였다. 땅의 주인이신 하나님은 사단에게 땅을 사용할 권리를 내어준 적이 없었기에 땅을 점령한 사단의 행위는 여전히 불법이다.

땅은 하나님께서 사람에게 주신 거룩한 기업이다. 사악한 사단의 무리들이 자기 집처럼 드나들며 땅을 부정하게 만드는 일은 용납될 수 없는 일이다. 이스라엘 군대가 가나안 땅에 거하는 족속들을 몰아내었던 것처럼 땅에 대한 사단의 불법적 사용을 그치게 해야 한다.

하나님께서 아브라함을 부르시고 그에게 땅을 주겠다고 약속하셨다. 아브라함에게 말씀하신 땅에 대한 약속은 단순히 평안하게 살아갈 수 있는 생존의 터를 마련해 주겠다는 의미가 아니다. 인간의 삶에 고통을 초래하는 사단의 불법한 행위들을 땅에서 몰아내겠다는 의미였다. 그래서 창조의 목적에 부합하는 더불어 살아가는 평화의 세상 곧, 언약이 통치하는 거룩한 나라를 이 땅 위에 세우고자 하신 것이다.

아브라함에게 말씀하신 땅에 대한 약속은 여호수아 시대에 가나안 땅을 차지함으로써 역사 속에서 잠시 동안 성취된 적이 있었다. 그러나 이스라엘 민족은 가나안 땅을 다시 상실하게 된다. 이스라엘 민족이 약속의 땅에서 쫓겨나 이방 제국으로 흩어졌던 비극의 역사는 그들에게 주어졌던 언약적 사명을 저버린 결과였다.

로마에 의해 예루살렘이 정복된 후, 이스라엘 민족은 거할 땅이 없는 민족으로 방랑하며 약 2,000 년의 긴 세월을 살아왔다. 그러나 지난 세기에 그들은 팔레스틴 지역에 거하던 거민들을 몰아내고 옛 가나안 땅을 다시 차지하는 기적의 역사를 이루어 내었다.

오늘날 팔레스틴 땅을 점령한 당위성을 이스라엘 민족은 아브라함에게 하셨던 하나님의 약속에서 찾는다. 그러나 분명히 깨달아야 할 것이 있다. 하나님께서 땅을 기업으로 맡기실 때는 반드시 언약을 지켜야 하는 책임도 함께 주셨다는 것이다. 세상에 어떤 민족이든 언약을 지키지 않고 하나님께서 창조하신 땅을 점유하여 사용하는 것은 모두 하나님 앞에서 불법이다.

사단과 그의 무리들, 그리고 불신앙으로 땅에 살았던 모든 사람들이 영원한 지옥의 형벌을 피하지 못하는 것은 언약을 저버리고 살아감으로써 하나님이 창조하신 땅을 더럽혔기 때문이다.

이스라엘 민족이 팔레스틴에 거하던 사람들을 쫓아내고 땅을 점유한 것에 대한 정당성은 반드시 언약의 실천을 통해 증명되어야 한다. 만약 오늘날 이스라엘 민족이 그리스도께 돌아와 새 언약의 법을 실현한다면 그 땅에 대한 소유권은 하나님으로부터 당당히 인정받게 될 것이다.

하늘로 올리우시기 전, 예수께서 제자들에게 말씀하셨다.

"예수께서 나아와 일러 가라사대 하늘과 땅의 모든 권세를 내게 주셨으니"

"그러므로 너희는 가서 모든 족속으로 제자를 삼아 아버지와 아들과 성령의 이름으로 세례를 주고"

"내가 너희에게 분부한 모든 것을 가르쳐 지키게 하라 볼찌어다 내가 세상 끝날까지 너희와 항상 함께 있으리라 하시니라" (마 28:18~20)

예수를 통해 영원한 생명의 비밀이 밝히 드러났다. 하늘과 땅은 서로 분리된 것이 아니다. 하늘의 권세가 땅의 권세이며, 땅의 권세가 곧, 하늘의 권세이다. 하늘의 법과 땅의 법은 결코 다르지 않다. 언약의 말씀으로 하늘과 땅은 하나로 연결되어 있다.

언약을 맺음으로 땅을 사람에게 기업으로 주신 것은 장차 영원한 하나님 나라의 기업 역시 언약의 법을 지키는 것과 무관하지 않음을 의미한다. 그리스도인의 먹고 사는 매 순간의 삶이 거룩해야 하는 이유인 것이다.

"또 왕이 지정하여 자기의 진미와 자기의 마시는 포도주에서 그들의 날마다 쓸 것을 주어 삼년을 기르게 하였으니 이는 그 후에 그들로 왕의 앞에 모셔 서게 하려 함이었더라" 단 1:5

"그 우상의 머리는 정금이요 가슴과 팔들은 은이요 배와 넓적다리는 놋이요"

"그 종아리는 철이요 그 발은 얼마는 철이요 얼마는 진흙이었나이다"

"또 왕이 보신즉 사람의 손으로 하지 아니하고 뜨인 돌이 신상의 철과 진흙의 발을 쳐서 부서뜨리매"

"때에 철과 진흙과 놋과 은과 금이 다 부서져 여름 타작마당의 겨같이 되어 바람에 불려 간 곳이 없었고 우상을 친 돌은 태산을 이루어 온 세계에 가득하였나이다" 단 2:32~35

고대의 제국들 🌿

느부갓네살 왕이 꿈속에서 보았던 거대한 신상은 바벨론 제국을 이어 역사 속에 등장할 나라들에 관한 설명이었다. 정금으로 된 우상의 머리는 느부갓네살 왕이 다스렸던 바벨론 제국, 은으로 된 가슴과 팔들은 메대와 바사 제국, 놋으로 된 배와 넓적다리는 헬라 제국, 철로 된 종아리는 로마 제국이었다. 그리고 철과 진흙이 섞인 신상의 발은 고대의 제국들과 마찬가지로 마지막 날에 나타나게 될 거대한 나라다.

다니엘은 느부갓네살 왕이 꿈속에서 보았던 거대한 신상의 나라들이 역사의 무대에서 사라지게 될 것을 알려 주었다. 다니엘의 해석은 로마 제국의 멸망을 끝으로 역사 속에서 성취되었으며, 마지막 철과 진흙으로 된 발의 거대한 나라가 뜨인 돌 (단 2:46) 에 의해 무너지게 될 일만 남았다. 신상으로 계시된 나라들이 역사의 현장에서 사라지게 된 것은 그들이 행한 위법한 일에 대한 당연한 결과였다.

하나님께서 땅을 만드심은 하나님의 나라를 지상에 건설하기 위함이었다. 이를 위해 하나님께서 가장 먼저 하셨던 일이 사람과 언약을 맺는 사건이었다. 이것은 지상에 건설될 하나님의 나라가 언약의 법으로 다스려지는 나라가 되도록 하기 위함이었다. 그러나 이러한 하나님의 계획은 언약의 법을 무너뜨린 사단에 의해 계획의 초기 단계에서 어긋나고 말았다. 그 결과 땅 위에는 언약의 법이 아닌 사단의 법에 의해 다스려지는 어둠의 나라가 우후죽순 생겨나게 되었다.

느부갓네살 왕의 신상에 등장했던 고대의 제국들이 역사의 무대에서 사라지게 된 것은 언약의 법에 기초하여 세워지지 않았기 때문이다.

언약은 사람을 비롯한 모든 만물이 사랑 안에서 함께 살아가기 위해 세워진 법이다. 만물이 하나님이 주신 복을 골고루 누리며 살아가는 평화의 세계가 하나님의 나라다.

하나님은 어느 한쪽이 권력이나 부를 독차지하는 것을 원치 않으신다. 고대의 제국들이 나라의 영광을 영원히 지속하지 못하고 역사의 무대에서 사라졌던 것은 다수의 사람들의 희생 위에 소수의 기득권 세력들이 권력과 부를 장악하며 사치를 누렸던 부정한 사회였기 때문이다.

부정한 방식으로 땅 위에서 영원한 것은 아무 것도 없다. 오직 언약을 지켰던 사람들과 그 사람들이 일구어 놓았던 하나님의 나라만이 영원할 것이다.

"만군의 여호와가 이르노라 너희 열조의 날로부터 너희가 나의 규례를 떠나 지
키지 아니하였도다 그런즉 내게로 돌아오라 그리하면 나도 너희에게로 돌아가
리라 하였더니 너희가 이르기를 우리가 어떻게 하여야 돌아가리이까 하도다" 말
3:7
"너희 곧 온 나라가 나의 것을 도적질하였으므로 너희가 저주를 받았느니라" 말
3:9
"만군의 여호와가 이르노라 너희의 온전한 십일조를 창고에 들여 나의 집에 양
식이 있게 하고 그것으로 나를 시험하여 내가 하늘 문을 열고 너희에게 복을 쌓
을 곳이 없도록 붓지 아니하나 보라" 말 3:10
"너희 땅이 아름다워지므로 열방이 너희를 복되다 하리라 만군의 여호와의 말이
니라" 말 3:12

온전한 십일조

　하나님은 열방이 부러워할 정도의 풍성한 복을 이스라엘 민족이 경험하기를
기대하셨다. 그러나 현실은 그 반대였다. 약속의 땅에 거했던 이스라엘 민족은
이방 민족에게 정복당하여 열방으로 흩어지게 되었다. 그 이유를 말라기는 십
일조에 대한 이스라엘 민족의 불성실이라고 지적하고 있다.

　가인과 아벨의 제사처럼 하나님께 드리는 십일조에는 두 종류가 있다. 소득
의 십 분의 일을 하나님께 드리는 십일조와 십일조의 정신을 구현하는 온전한
십일조가 그것이다. 십일조에 대한 불성실이 나라를 망하게 하는 원인이었다
고 말라기 선지자가 지적하고 있으나 이스라엘 민족이 십일조를 전혀 드리지
않은 것이 아니었다. 오히려 철저하게 하나님께 십일조의 법을 지켰다.

"나는 이레에 두 번씩 금식하고 또 소득의 십일조를 드리나이다 하고" (눅 18:12)

율법에 정한 대로 십일조의 법을 지키려는 이스라엘 백성들의 노력에 대해서는 예수님도 인정하셨다. 그럼에도 이스라엘 민족이 하나님께 드렸던 십일조는 가인의 제사처럼 되어 나라를 멸망으로 이끄는 원인이 되고 말았다.

단순히 소득의 십 분의 일을 드리는 것으로는 십일조의 법을 제정했던 율법 곧, 언약의 법을 성취할 수가 없었던 것이다. 아브라함이 하나님께 드린 십일조가 이스라엘 백성들의 삶에 온전히 정착된 것은 광야 시절이었다.

출애굽을 통해 시작된 이스라엘 민족의 광야 생활은 성막 중심의 공동생활이었다. 이는 이스라엘 열두 지파에 변화를 가져왔다. 레위 지파가 성막을 섬기는 전문 사역자들이 됨으로써 요셉의 두 아들 므낫세와 에브라임이 이스라엘 열두 지파로 편입하게 된 것이다. 이로 인해 이스라엘 민족은 열두 지파에서 열세 지파로 불어나게 되었으며 실제적인 경제 활동과는 무관하게 살아가는 레위 지파가 생겨나게 되었다. 그때 레위 지파가 살아가는 방안으로 마련된 것이 십일조의 법이다. (민 18:24) 여기서 유념할 것은 십일조의 법이 제정되었던 당시의 배경이 광야였다는 점이다.

광야 시절의 이스라엘 백성들은 출애굽 세대였다. 잘난 사람도 없었고 못난 사람도 없었다. 성막을 짓느라 모두 헌신한 사람들이어서 부한 자나 가난한 자, 지위가 높거나 낮은 자가 없었다. 모든 사람들의 형편이 비슷한 경제적 평균이 유지된 공동체였다.

경제적 평균이 언약의 법으로 다스려지는 평화로운 나라의 견고한 기틀이 된다는 점에서 경제적 평균은 대단히 중요하다.

이러한 배경에서 이스라엘 열두 지파가 하나님께 드렸던 십일조는 이스라엘 가운데 경제적 평균을 성취할 수가 있었다. 계산에 빠른 이들은 열두 지파의 십일조로 인해 레위 지파의 기업이 열두 지파보다 25% 정도 더 많아 경제적 평균이 깨어진다고 생각할 수도 있다. 그러나 레위 지파에게 주어진 십일조는 아론의 자손들을 위해 일정 부분 하나님께 드려지게 됨으로 십일조의 법은 이스라엘 가운데 경제적 평균을 거의 이루게 되었다.

새 언약의 구주이신 예수 그리스도께서 세우신 성만찬에서도 밝히 보여주듯이 경제적 평균은 하나님 백성들의 삶에 원리인 언약의 기본정신이다. 십일조를 하나님께 드린다는 것은 단지 소득의 십 분의 일을 떼어서 드린다는 것 이상의 의미를 가지고 있어야만 한다. 언약의 법을 성취하기 위해 하나님께 헌신된 백성으로 살아가야 한다는 의미를 내포하는 것이 십일조다. 그러므로 십일조를 드리는 하나님의 백성들을 통해서는 더불어 살아가는 거룩한 사랑의 공동체가 구현되어야 하는 것이다.

십일조의 법이 제정되고 시행되었던 광야의 평균된 삶은 약속의 땅에서 성취되어야 했다. 그러나 약속의 땅에 정착했던 이스라엘 민족은 언약의 법을 제대로 지켜내지 못했다. 그 결과 그들이 탈출했던 애굽 사회처럼 신분의 격차는 물론이고 경제적으로 심각하게 양분된 부정한 사회가 되고 말았다. 율법은 있었으나 율법의 정신은 잊혀졌던 것이다. 즉, 십일조의 법은 시행되고 있었으나 십일조를 통해 주어졌던 언약의 정신은 무너져 버린 것이다.

이를 보시며 예수님은 "화 있을진저 외식하는 서기관들과 바리새인들이여 너희가 박하와 근채의 십일조를 드리되 율법의 더 중한 바 의와 인과 신은 버렸도다…" (마 23:23) 라고 책망하셨다.

율법이 중요하게 여기는 것은 언약의 근본정신을 실천하는 것이다. 이를 외면한 헌금과 십일조는 경건의 모양만 취할 뿐 하나님께서 미워하시는 가인의 제사와 다를 바가 없다.

언약적 삶의 완전한 길을 가르쳐 주신 예수 그리스도의 복음 속에는 소득의 십 분의 일을 구분하여 하나님께 드리라는 십일조의 가르침은 어디에도 없다. 언약적 삶을 온전히 성취해내지 못하는 헌금이나 십일조는 예수 그리스도의 복음적 가르침이 아니다. 대신 마음과 뜻과 정성을 다해 자원하여 드리는 헌금을 가르쳤을 뿐이다.

언약의 법이 통치하는 하나님의 나라를 위해 헌신된 마음이 있다면 하나님은 전 재산도 받으신다. 하나님께서 받으시는 십일조는 더 이상 소득의 십 분의 일이 아니다. 주님의 몸된 지체들이 그리스도의 복을 경험하고 살아가도록 하기 위해 헌신된 마음으로 드려지는 온전한 십일조만 있을 뿐이다. 초대교회는 온전한 십일조의 정신을 구현함으로 비로소 언약의 법이 세워졌던 하나님의 나라를 회복할 수 있었다.

"아브라함과 다윗의 자손 예수 그리스도의 세계라"

"아브라함이 이삭을 낳고 이삭은 야곱을 낳고 야곱은 유다와 그의 형제를 낳고" 마 1:1,2

"야곱은 마리아의 남편 요셉을 낳았으니 마리아에게서 그리스도라 칭하는 예수가 나시니라" 마 1:16

"예수께서 가르치심을 시작할 때에 삼십 세쯤 되시니라 사람들의 아는 대로는 요셉의 아들이니 요셉의 이상은 헬리요"

"그 이상은 맛닷이요 그 이상은 레위요 그 이상은 멜기요 그 이상은 안나요 그 이상은 요셉이요" 눅 3:23,24

"그 이상은 에노스요 그 이상은 셋이요 그 이상은 아담이요 그 이상은 하나님이시니라" 눅 3:38

족보

마태는 예수님의 족보를 첫 장에 기록함으로써 신약 성경의 문을 열었다. 이 것은 예수 그리스도의 복음을 이해하는 데 있어 대단히 중요하다. 예수님의 족 보를 기록하는 방식에 있어서 마태와 누가는 약간의 차이가 있다. 마태는 아브 라함을 조상으로 시작하여 그의 마지막 후손으로 예수님을 기록하고 있다. 내 려오는 방식이다. 반면 누가는 요셉의 아들, 예수로 시작하여 하나님을 마지 막 조상으로 기록했다. 거슬러 올라가는 방식이다. 이와 같은 기록 방식의 차 이는 복음을 전하는 대상이 마태는 유대인, 누가는 이방인이었기 때문이다.

두 사도가 기록한 족보를 통해 드러나는 한 가지 공통점이 있다. 예수님은 하나님의 언약을 삶의 뿌리로 삼았던 조상의 마지막 후손이었다는 점이다. 아브라함은 하나님과 언약을 맺고 지킴으로 믿음의 조상이 된 인물이었다. 그리고 창조주 하나님은 첫 사람 아담과 언약을 맺음으로 사람에게 거룩한 삶의 법칙을 세우셨다.

어떠한 방식으로 기록을 했건 예수님은 언약과 관련되어 있음을 증거한다. 즉, 두 사도는 예수께서 언약을 실현하기 위해 이 땅에 오신 믿음의 구주라는 것을 족보의 기록을 통해 알려주고자 했던 것이다.

예수께서 자기 백성들에게 먼저 오셨으나 그들이 믿음의 구주로 알지 못했던 것은 언약에 대한 이해 부족으로 일어났던 불상사였다. 언약에 대한 올바른 이해는 예수 그리스도를 따르는 믿음에 대한 본질이 무엇인지를 알게 한다. 이는 함께 더불어 살아가는 거룩한 공동체를 구현하는 것으로써 이를 위해 예수의 족보가 복음서의 맨 처음에 기록되었다.

"너의 토지에서 처음 익은 열매의 첫 것을 가져다가 너희 하나님 여호와의 전에 드릴지니라" 출 23:19

"해마다 우리 토지소산의 만물과 각종 과목의 첫 열매를 여호와의 전에 드리기로 하였고"

"또 우리의 맏아들들과 생축의 처음 난 것과 우양의 처음 난 것을 율법에 기록된 대로 우리 하나님의 전으로 가져다가 우리 하나님의 전에서 섬기는 제사장들에게 주고" 느 10:35,36

첫 열매 🌿

율법은 곡식과 과일, 가축을 비롯한 땅에서 생산된 모든 첫 산물은 하나님의 것으로 구별하여 드리도록 명하고 있다. 첫 열매 역시 십일조의 규례와 마찬가지로 언약의 법을 성취하기 위해 마련된 규례였다. 차이점이라면 첫 열매에 대한 규례는 일 년 중 가장 어려운 시기를 대비하기 위해 마련된 규례였다.

포도는 5월이면 꽃이 피어 8월 중순이면 조금씩 출하된다. 본격적으로 출하되는 것은 9월쯤이다. 첫 산물에 대한 율법의 규례를 따른다면 8월에 생산된 첫 열매는 하나님의 것이 된다. 첫 열매를 하나님의 것으로 구별하였으니 품질 면에서 가장 좋은 것이라고 생각하기 쉽다. 하지만 첫 열매는 품질 면에서 그다지 좋지가 않다. 당도가 가장 우수한 품질의 포도는 9월 중순쯤 출하된다.

포도를 비롯해 처음으로 생산되는 과실의 모든 상태는 품질 면에서는 거의 비슷하다. 가장 좋은 것이 아님에도 불구하고 첫 열매가 하나님의 것으로 구별되었던 것은 첫 열매가 드려지는 시기 때문이었다. 과거 첫 열매가 하나님께 드려졌던 때는 가난한 이들에게 보릿고개와 같은 힘겨운 시기였다.

첫 열매와 하나님을 향한 성도의 첫사랑은 닮은 점이 있다. 하나님께서 첫 열매를 당신의 것으로 찾으시는 것처럼, 하나님은 첫사랑을 항상 요청하신다.

대부분의 사람들이 하나님을 처음 만났던 시기는 인생의 가장 곤고한 시절이었다. 하나님을 향한 첫사랑은 이러한 때에 생겨난 감정이다. 하나님께서 첫사랑을 항상 잊지 않으시고 찾으시는 이유는 무엇 때문인가? 인생의 가장 곤고했던 시기에 자신을 만나주셨던 하나님의 은혜를 생각하며 어려운 처지에 있는 이웃을 잊지 않고 살아가기를 바라셨기 때문이다.

하나님은 애굽 땅의 고된 시련 가운데 있었던 이스라엘 민족을 구원하시고 그들을 첫 열매로 삼으셨다. 첫 열매였던 이스라엘을 향하여 모세는 자신들을 구원하여 주신 하나님을 맹세코 잊지 말라고 전하였다.

"너는 조심하여 너를 애굽 땅 종 되었던 집에서 인도하여 내신 여호와를 잊지 말고"

"네 하나님 여호와를 경외하며 섬기며 그 이름으로 맹세할 것이니라"

(신 6:12, 13)

이는 하나님을 향한 첫사랑의 감정을 잊지 말라는 것이다. 이러한 첫사랑의 감정이 살아있을 때 비로소 첫 열매를 하나님께 구별하여 드리는 거룩한 언약적 삶을 살아갈 수가 있는 것이다.

그리스도인의 거룩한 삶이란 이스라엘 백성들이 첫 열매를 하나님께 드렸던 것처럼, 주위의 곤고한 처지에 있는 이웃들에게 도움의 손길을 건네는 데 있다. 세상의 가장 낮은 자리에 있는 이들을 돌아보는 삶, 이것이 새 언약의 법을 따라 첫 열매를 온전히 드리는 그리스도인의 거룩한 삶이다.

"그리스도는 모든 믿는 자에게 의를 이루기 위하여 율법의 마침이 되시니라"
롬 10:4
"오늘날까지 모세의 글을 읽을 때에 수건이 오히려 그 마음을 덮었도다"
"그러나 언제든지 주께로 돌아가면 그 수건이 벗어지리라"
고후 3:15,16

율법과 복음 🌿

　하나님과 맺은 언약에 대한 이해의 부족은 하나님의 축복을 잊은 채 살아가게 만든다. 율법과 복음을 기록한 성경은 언약을 통해 주어지는 신령한 복에 관한 내용이 담겨있다. 율법은 복된 길을 법을 통해 기록한 것이며, 복음은 예수의 가르침을 통해 율법의 온전한 뜻을 기록한 것이다. 표현하는 방식에서 차이가 있을 뿐 율법이 복음이며 복음이 곧, 율법이다.

　이스라엘 민족은 언약의 백성들이었다. 이것은 그들이 언약으로 주어지는 신령한 복에 있어서 우선권이 주어진 민족이었다는 뜻이다. 그러나 언약의 축복과 거리가 멀었던 것은 율법에 대한 무지함에서 비롯되었다. 율법은 언약의 말씀이 계명과 여러 가지 생활의 규례로 주어진 것이었다. 즉, 계명과 규례 속에 언약의 참된 정신이 담겨 있었다.

　예수님을 찾아왔던 한 부자의 이야기는 언약에 무지했던 이스라엘 민족의 현실을 알려주는 좋은 예다. 율법의 모든 계명을 지켰다고 생각한 부자 청년이 예수께 나아와 영생의 길을 물었다.

　그때에 예수님은 "네가 온전하고자 할진대 네 소유를 팔아 가난한 자들에게 주라"(마 19:21)고 말씀하셨다. 예수님의 명령은 율법의 계명을 문자가 아닌 근본정신을 알고 실천하라는 것이다. 수많은 사람들이 네 주위에서 헐벗고 굶주리고 있는데 재물을 쌓아두고 사는 네가 어떻게 하나님의 거룩한 계명을 지켰다 할 수 있느냐는 뜻이었다.

그런 면에서 세리장 삭개오는 부자 청년과 대비가 된다. 율법과 관련된 이스라엘 민족의 불행은 계명을 언약의 정신으로 승화시키지 못한 것이었다. 그 결과, 언약의 백성임에도 불구하고 불행한 역사를 지니게 되었던 것이다.

언약의 축복과 관련하여 우선권을 가졌던 이스라엘 민족은 또 하나의 큰 실수가 있었다. 모세를 통해 주어졌던 언약의 말씀이 예수를 통해 다시 주어졌다는 사실을 깨닫지 못한 것이다.

언약의 말씀이 주어지는 방식은 시대마다 달랐다. 아담의 때는 선악을 알게 하는 나무로, 아브라함의 때는 복의 근원이 되게 하시겠다는 약속으로, 이삭의 때는 장자권으로, 모세의 때는 율법의 말씀으로, 예수의 때는 십자가를 지는 삶으로, 이렇게 언약의 법은 시대마다 다양한 방식으로 주어졌다.

예수께서 시대의 표적을 분별치 못하는 이스라엘 백성의 지도자들을 책망하셨던 것은 각 시대마다 다른 방식으로 언약의 법을 주시는 하나님의 섭리를 깨닫지 못했기 때문이었다.

율법은 모세를 통해 주어진 언약이며, 복음은 예수를 통해 주어진 언약이다. 이 두 언약은 '너희는 이렇게 먹고 살아라'는 창조주 하나님께서 아담에게 말씀하셨던 첫 언약으로부터 흘러나온 것이다.

"요셉이 그들에게 이르되 청컨대 나의 꾼 꿈을 들으시오"

"우리가 밭에서 곡식을 묶더니 내 단은 일어서고 당신들의 단은 내 단을 둘러서서 절하더이다" 창 37:6,7

"요셉이 다시 꿈을 꾸고 그 형들에게 고하여 가로되 내가 또 꿈을 꾼즉 해와 달과 열한 별이 내게 절하더이다 하니라" 창 37:9

요셉의 꿈

요셉의 생애는 예수 그리스도의 복음을 순종함으로 교회가 지상에서 이루어야 할 거룩한 일이 무엇인지를 깨닫는데 도움을 준다. 요셉의 생애에 대한 이해는 그가 꾸었던 꿈에 대한 이해로부터 시작된다.

요셉은 신령한 꿈을 꾸었다. 그를 꿈의 사람이라 일컫는 것은 총리라는 개인적 출세를 두고 하는 말이 아니다. 그를 통해 하나님의 계획 곧, 하나님의 축복이 애굽땅 전역으로 흘러갔기 때문이다.

아브라함과 언약을 맺음으로 시작되었던 하나님의 계획은 그의 아들 이삭, 손자 야곱 그리고 증손자였던 요셉이 애굽 땅에서 총리가 됨으로써 마침내 성취되었다. 약 500년에 걸쳐 이루어진 하나님의 거룩한 계획의 실현이었다.

요셉의 꿈은 아브라함과 언약을 맺음으로 복의 근원이 되게 하겠다는 하나님의 계획이 요셉을 통해 성취되어질 것을 먼저 보여준 사건이었다.

그의 꿈은 이전 애굽 땅에 전무했던 사회개혁을 추진함으로써 성취가 되었다. 요셉이 추진했던 정책은 세 가지로 정리가 된다. 인구 분산 정책, 세금법, 토지법이었다.

"요셉이 애굽의 이 끝에서 저 끝까지의 백성을 성읍들에 옮겼으나"

"제사장의 전지는 사지 아니하였으니 제사장은 바로에게서 녹을 받음이라 바로의 주는 녹을 먹음으로 그 전지를 팔지 않음이었더라"

"요셉이 백성에게 이르되 오늘날 내가 바로를 위하여 너희 몸과 너희 전지를 샀노라 여기 종자가 있으니 너희는 그 땅에 뿌리라"

"추수의 오분 일을 바로에게 상납하고 사분은 너희가 취하여 전지의 종자도 삼고 너희의 양식도 삼고 너희 집 사람과 어린아이의 양식도 삼으라"

"그들이 가로되 주께서 우리를 살리셨사오니 우리가 주께 은혜를 입고 바로의 종이 되겠나이다"

"요셉이 애굽 토지법을 세우매 그 오분 일이 바로에게 상납되나 제사장의 토지는 바로의 소유가 되지 아니하여 오늘까지 이르니라"(창 47:21~26)

요셉이 추진했던 일에 대한 백성들의 반응에서 알 수 있듯이, 요셉 이전의 애굽 사회는 불공정한 사회제도에 의해 대다수 백성들의 삶은 핍절한 상태였다. 그러한 다스림의 배후에 언약의 법을 거스르는 사단이 역사하고 있었음은 의심의 여지가 없다. 불법을 조장함으로 온 세상을 어둠의 세계로 만드는 것이 사단이기 때문이다.

요셉은 왕에 버금가는 막강한 권력을 가짐으로 사단이 애굽 땅에 세워 놓았던 불의한 법을 몰아내고 모든 이들을 잘 살게 만드는 공평한 제도를 만들었다. 요셉이 행한 일에 대하여 애굽의 백성들은 크게 기뻐함으로 화답하였다.

"그들이 가로되 주께서 우리를 살리셨사오니 우리가 주께 은혜를 입고 바로의 종이 되겠나이다"(창 47:25)

즉, '이렇게 살아가는 것이 사람의 길인 줄을 알았으니 우리는 당신이 섬기는 하나님이 명하시는 법도를 지키며 살겠습니다' 라는 뜻이었다.

하나님을 경외하는 한 사람으로 인해 애굽 땅은 마침내 살만한 세상을 맞이하게 되었다. 그로 인해 애굽의 백성들은 하나님이 세상을 사랑하심으로 이루시는 구원이 무엇인지를 경험하게 되었다. 요셉이 애굽 땅에 행한 일은 세상을 구원할 그리스도인의 사명이 어떠한 것인지를 올바로 깨닫게 해 준다.

하나님은 요셉을 꿈꾸게 하셨으며, 꿈대로 요셉은 애굽 땅에 복이 골고루 흘러가는 거룩한 하나님의 나라를 세우는데 최선을 다하였다. 이 일로 인해 애굽의 백성들은 자신들이 섬긴 우상에서는 발견할 수 없었던 구원의 하나님을 경험하게 되었다.

"요셉이 그 형제에게 이르되 나는 죽으나 하나님이 너희를 권고하시고 너희를
이 땅에서 인도하여 내사 아브라함과 이삭과 야곱에게 맹세하신 땅에 이르게 하
시리라 하고"
"요셉이 또 이스라엘 자손에게 맹세시켜 이르기를 하나님이 정녕 너희를 권고하
시리니 너희는 여기서 내 해골을 메고 올라가겠다 하라 하였더라" 창 50:24,25
"모세가 요셉의 해골을 취하였으니 이는 요셉이 이스라엘 자손으로 단단히 맹세
케 하여 이르기를 하나님이 필연 너희를 권고하시리니 너희는 나의 해골을 여기
서 가지고 나가라 하였음이니라" 출 13:19

요셉의 유언 🌿

　노년에 이르러 요셉은 자신의 죽음을 예견하며 이스라엘 자손들에게 유언을
남겼다.

　이스라엘 자손들의 복된 미래를 위해 요셉이 심사숙고하며 남겼던 마지막
유언은 자신의 유골을 애굽 땅에서 약속의 땅으로 옮기라는 것이었다. 요셉이
이스라엘 자손들에게 남겼던 유언은 그의 사후 이스라엘 민족의 출애굽 사건
때에 성취되었다.

　요셉의 유언은 그가 생전에 애굽 땅에 행하였던 일과 깊은 관련이 있었다. 요
셉이 총리가 되어 시행했던 일로 인해 애굽 땅은 전무후무한 복을 경험하게 된
다. 토지와 세금제도의 대개혁을 통해 더불어 함께 살아가는 평등한 사회 곧,
거룩한 나라가 마침내 구현되었다. 애굽 땅이 전에 없던 복된 세상으로 바뀐
것은 요셉을 통해 언약의 법으로 다스려지는 사회적 환경이 마련되었기에 가능

하였다.

그러나 요셉은 언젠가는 자신이 애굽 땅에 세웠던 언약의 법이 무너지게 되리라는 것을 예견했다. 그리고 하나님께서 아브라함의 후손들에게 기업으로 물려줄 땅에서 언약의 법으로 다스려지는 새로운 나라를 세우실 것을 바라보았다. 요셉이 자신의 유골을 애굽 땅에서 약속의 땅으로 옮기라고 유언을 남겼던 것도 바로 이런 이유였다.

요셉은 자신의 유골을 약속의 땅에 둠으로써 총리 시절 애굽 땅에서 이루었던 일을 이스라엘 자손들이 영원히 기억하기를 바랐던 것이다. 언약의 법으로 애굽을 다스려 하나님의 복된 구원을 경험하게 한 것 같이 약속의 땅에서 이스라엘 자손들이 하나님의 구원하심을 영원히 경험하길 염원했던 것이다.

요셉의 유언은 하나님의 백성된 부모들이 자녀들의 복된 미래를 위해 남겨주어야 할 가장 좋은 유산이 무엇인지를 명확히 가르쳐준다. 언약의 말씀을 알게 하며 굳게 지키도록 가르치는 것이다. 하나님의 축복은 물이 위에서 아래로 흐르듯이 언약의 법을 타고 흘러간다.

"야곱이 가로되 형의 장자의 명분을 오늘날 내게 팔라"

"에서가 가로되 내가 죽게 되었으니 이 장자의 명분이 내게 무엇이 유익하리요"

"야곱이 가로되 오늘 내게 맹세하라 에서가 맹세하고 장자의 명분을 야곱에게 판지라" 창 25:31~33

장자권

죽음의 위협, 쫓겨남, 고난의 삶은 야곱이 형 에서의 장자권을 취함으로써 비롯된 사건이었다. 금단의 실과를 취한 인류의 첫 조상에게서 일어난 일도 이와 유사했다는 점에서 장자권은 언약의 법을 계승하고 있다. 이러한 근거는 이삭과 야곱이 언약을 지킴으로 믿음을 계승한 사람들이었다는 점에서도 드러난다.

에서에게 주어졌던 장자권은 팥죽 한 그릇으로 거래되어 야곱에게로 넘어가게 된다. 장자권의 권리가 에서의 맹세로 바뀌게 되었지만 이로 인해 이삭의 가정은 형제간의 다툼이라는 큰 위기를 맞게 된다. 죽 한 그릇으로 장자권을 취하려 했던 야곱의 행위가 하나님이 보시기에 선하지 않았음을 보여준다.

하나님은 사람을 비롯하여 만물에 복을 주시므로 하나님께 복을 구하는 것은 지극히 정상이다. 그러나 하나님으로부터 주어지는 복을 취함에 있어 반드시 지켜야 할 법이 있음을 잊어서는 안 된다. 이를 교훈하는 것이 장자권이다.

최초에 주어진 언약의 법이 '선악을 알게 하는' 것으로 주어진 것은 우연한 일이 아니다. 이는 사람이 복을 취하는 일에 있어서 선과 악을 구분해야 한다는 것을 의미하고 있다. 야곱은 형의 장자권을 취함으로 하나님의 축복을 보장받으려 했다. 야곱의 행위가 옳지 않음은 장자권을 취한 이후 그가 겪은 고단한 삶을 통해 명백해진다.

언약의 나무를 통해 복의 비밀을 드러내신 하나님은 장자권을 통해 복의 비밀을 드러내셨다. 이러한 하나님의 계획은 야곱이 외삼촌 라반의 집으로 피신하여 양을 치고 살았던 20년의 고단한 생애를 통해 밝히 드러났다. 타향살이의 고단한 삶을 통해 야곱은 거부가 되었다. 그리고 약속의 땅으로 돌아오게 된다. 야곱이 약속의 땅으로 돌아오는 사건을 성경이 중요하게 다루고 있는 것은 비로소 그가 복된 삶의 원리인 언약의 법을 실현할 사람으로 준비되었기 때문이다.

야곱이 거부가 된 것은 형의 장자권을 취해서가 아니다. 타향살이 시절, 야곱은 양을 치는 일에 있어서 누구보다도 열심이었다. 그의 성실한 삶이 거부의 축복을 가능하게 만들었다. 이처럼 장자의 축복은 명분이 아닌 성실한 삶을 통해 주어진다는 사실을 보여주려는 데 있다.

팥죽 한 그릇에 장자의 축복을 가지려 했던 야곱의 어리석은 생애는 하나님의 축복이 어디에서 비롯되는 지를 생생히 보여준다.

그리스도인은 세상 사람들 가운데 축복의 통로가 되어야 할 장자이다. 예나 지금이나 장자의 축복은 언약의 법이 명한대로 성실하게 흘리는 땀을 통해 주어진다.

> "야곱이 떡과 팥죽을 에서에게 주매 에서가 먹으며 마시고 일어나서 갔으니 에서가 장자의 명분을 경홀히 여김이었더라" 창 25:34

경홀히 여겼더라 🌿

에서는 이삭의 첫째 아들로 장자권이 주어진 사람이었다. 그는 언약의 법을 계승함으로 하나님의 축복의 비밀을 세상 가운데 전할 우선권이 주어진 사람이었다. 그러나 그는 자신에게 주어진 장자권을 주의 깊게 생각하지 않음으로 장자의 명분을 죽 한 그릇으로 야곱에게 넘겨주었다.

장자권에 대한 에서의 경홀한 태도는 장자의 명분만 잃어버리는 것으로 그치지 않는다. 성경은 그를 믿음의 도리를 저버린 사람으로 기록하고 있다. 그것은 그가 장자다운 삶 곧, 언약의 법도를 지키지 않음으로 빚어진 일이었다. 에서는 하나님의 축복에 참여할 수 있는 무한한 가능성을 가진 장자였으나 언약의 법도와는 무관한 삶을 살아감으로써 믿음의 길을 저버린 불행한 사람으로 영원히 기억되고 있다.

그는 장자의 명분을 경홀히 여겼다. 그의 어리석은 삶의 태도가 전하는 교훈은 심히 크고 중하다. 예수의 복음은 그리스도인들의 장자다운 삶에 대한 언약적 요청이자 명령이다. 에서처럼 언약의 법도를 떠나 어리석게 살아가는 그리스도인들이 되어서는 안될 것이다.

"생베 조각을 낡은 옷에 붙이는 자가 없나니 이는 기운 것이 그 옷을 당기어 해어짐이 더하게 됨이요"
"새 포도주를 낡은 가죽 부대에 넣지 아니하나니 그렇게 하면 부대가 터져 포도주도 쏟아지고 부대도 버리게 됨이라 새 포도주는 새 부대에 넣어야 둘이 다 보전되느니라" 마 9:16,17
"새 포도주는 새 부대에 넣어야 할 것이니라" 눅 5:38

새 포도주와 새 부대

교회는 세상 가운데서 하나님의 나라를 세우기 위해 거룩한 전쟁을 수행하는 예수 그리스도의 군대다. 교회가 맞서 싸워야 할 상대는 정사와 권세와 어둠의 세상 주관자들과 하늘에 있는 악한 영들이다. (엡 6:12) 그들은 막강한 권력과 경제력을 배경으로 하나님이 창조한 땅의 자원들을 점유하였으며 불법이 난무하는 어둠의 왕국을 건설하였다.

세상 사람들이 살아가는 삶의 현장에 눈물과 고통이 사라지지 않는 것은 그들의 불법적 행위에서 비롯된 것이다.

모세를 통한 이스라엘 민족의 출애굽과 예수의 죽으심을 통한 교회의 탄생, 이 두 사건은 모두 인간의 삶에 고통을 주는 불법적 행위를 그치게 하고 땅 위에 평화가 넘치는 하나님의 나라를 세우기 위함이었다. 이러한 거룩한 목적을 이루기 위해 어둠의 세력들과의 전쟁은 피할 수 없다.

담대히 맞서야 할 어둠의 세력들과의 전쟁을 위해서는 철저한 준비가 필요하다. 이를 위해 모세는 이스라엘 백성들과 함께 광야에서 40 년의 세월을 보냈으며, 예수님은 제자들과 약 4 년의 세월을 함께 하셨다. 이는 어둠의 세력과 맞서 싸우는 거룩한 전쟁의 전략과 전술을 가르치기 위함이었다.

전략이란 전쟁을 전반적으로 이끌어 가는 방법이나 책략이며 전술은 전략의 하위 개념이다. 전략이 큰 목표라면 전술은 전략적 목표를 실현하기 위한 다양한 수단이다. 그래서 전략은 변하지 않으나 전술은 때와 상황에 따라 다양하게 변한다. 전략과 전술의 이러한 관계는 어둠의 나라를 무너뜨리고 하나님의 나라를 세우기 위해 하나님의 백성들이 치르는 거룩한 전쟁에서도 당연히 적용되어야 할 중요한 원리이다.

교회가 치러야 하는 거룩한 전쟁의 대 전략은 언약의 법이 통치하는 거룩한 하나님 나라의 건설이다. 언약이 추구하는 이 땅 위의 하나님 나라의 모습은 이웃을 내 몸같이 사랑하며 살아가는 거룩한 공동체의 건설 곧, 거룩하고 복된 안식이 있는 세상인 것이다.

모세를 이스라엘 민족의 지도자로 세우시고 언약의 법을 맡겨주신 것은 언약의 말씀을 따라 살아감으로 거룩한 하나님의 나라를 세우도록 하기 위해서였다. 그리고 예수 그리스도를 새 언약의 구주로 세우시고 교회를 세우신 것 역시 마찬가지였다. 하지만 이스라엘 민족이든 신약의 교회든 출발은 좋았으나 불행하게도 결말은 항상 낙제점이었다.

그 이유는 전략과 전술의 부재였다. 특히, 전략을 떠받치는 전술은 찾아보기가 어려웠다. 어둠의 나라를 물리치고 거룩한 하나님의 나라를 세우기 위해서는 전략은 말할 것도 없지만, 때를 따라 양식을 나누어 줄 수 있는 다양한 전술이 확립되어야 한다. 시기적절한 전술이 없으면 전략 역시 무용지물이 되기 쉽다.

율법의 말씀을 받았던 구약의 이스라엘 민족이 놓친 중대한 실수가 바로 이

것이었으며, 이를 지적한 것이 예수님의 새 포도주와 새 부대의 비유다. 포도주를 담는 부대는 항상 새것이어야 한다. 이를 무시하고 재사용하게 되면 포도주가 발효하면서 탄력을 잃은 헌 부대가 터지게 되어 포도주도 함께 버려지게 된다. 즉, 이스라엘 민족은 계속 헌 부대를 고집한 것이었다. 조상으로부터 물려받은 전술을 재고하지 않고 그대로 답습했던 것이다.

이스라엘 민족은 모세를 통해 받았던 언약의 율법을 굳게 지키고 있었다. 그리고 지키려는 열심도 대단했다. 그러나 시대가 변하고 있다는 사실에 대해서는 매우 둔감했다. 언약의 율법이 지향하는 거룩한 삶을 시대의 변화에 맞추어 구현하지를 못한 것이다.

더불어 살아가라는 언약의 법이 추구하는 전략은 영원히 변치 않는다. 하지만 변해가는 시대에 맞추어 언약의 법을 구현하기 위한 전술은 변해야만 한다.

사도들을 통해 세워진 초대교회는 언약적 전술에 대한 귀한 본보기를 제공한다. 초대교회는 무소유의 삶을 통해 언약의 법이 주장하는 거룩한 공동체를 그 시대에 실현하였다. 무소유적 삶이 그 시대를 이끌 수 있었던 새로운 언약적 전술이었던 셈이다. 하지만 현재의 교회가 무소유적 삶의 방식을 그대로 사용할 수는 없다. 이천여 년의 세월이 사람들의 삶의 방식을 너무 많이 바꾸어 놓았기 때문이다.

예수님은 때를 따라 양식을 나누어 줄 수 있는 자들을 가리켜 충성되고 지혜 있는 종이라 하셨다. (마 24:45) 이는 시대의 변화에 따라 언약의 법을 실현해 낼 수 있는 새로운 삶의 방식을 하나님의 백성들이 만들어 내야 한다는 것을 의미하는 것이다. 즉, 거룩한 전략을 위한 새로운 전술의 변화를 요구하신 것이다.

새로운 전술에 대한 요청은 과거의 이스라엘 민족에게만 필요한 것이 아니다. 오늘날의 교회도 동일하게 요청되는 일이다. 새 언약(예수의 복음)의 가르침을 따라 하나님의 나라를 세우기 위해서는 이 시대에 맞는 언약적 전술을 찾아야 한다. 새로운 부대 곧, 거룩한 복음의 가르침을 능히 담아낼 만한 새로운 문화가 있어야 한다. 새 시대는 새로운 패러다임을 요청하듯이 새 부대 만들기는 세상을 구원할 책임이 있는 그리스도의 몸된 교회가 해야 할 가장 중요하고도 긴박한 기도의 제목이다.

글을 마치며

태초에 하나님께서 생명을 위한 언약의 말씀을 주셨다. 선악을 알게 하는 실과로 맺은 첫 언약의 말씀은 모세의 때에 전설병의 떡으로, 예수님의 시대에는 성찬으로 주어졌다. 이러한 언약의 말씀은 하나님의 백성들에게 영원한 생명에 이르는 참된 믿음을 위해 주어진 거룩한 삶의 레시피였다.

거짓과 오해로 얼룩진 오랜 믿음의 역사 속에서 영혼을 지키는 가장 안전하고 확실한 길은 언약을 지키는 거룩한 삶이 영원한 생명에 이르는 길임을 인식하는 것이다.

언약의 말씀에 순종하고 살아가는 것이 믿음으로 사는 길임을 깨달았던 시편 기자는 하나님의 복된 생명에 이르는 길을 이처럼 노래하였다.

"형제가 연합하여 동거함이 어찌 그리 선하고 아름다운고"

"머리에 있는 보배로운 기름이 수염 곧 아론의 수염에 흘러서 그 옷깃까지 내림 같고"

"헐몬의 이슬이 시온의 산들에 내림 같도다 거기서 여호와께서 복을 명하셨

나니 곧 영생이로다" (시 133:1〜3)

　하나님은 이웃을 내 몸처럼 사랑하는 더불어 살아가는 삶, 바로 거기에 영원한 생명을 설계해 두셨다. 사랑에 풍성하신 하나님이 우리의 아버지시니 영생의 길이 이와 같음은 너무도 당연한 일이다.

　금생의 축복과 내세의 풍성한 소망을 가진 그리스도인들은 더불어 살아가는 거룩한 삶의 문화를 만들고자 힘써야 한다. 이를 위해 하나님께 힘써 구하고 찾고 두드리는 믿음의 사람들이 되길 바란다.